W. Horn

Die heutigen Kriegswaffen insbesondere des Schießen der

Infanterie

W. Horn

Die heutigen Kriegswaffen insbesondere des Schießen der Infanterie

ISBN/EAN: 9783742846075

Hergestellt in Europa, USA, Kanada, Australien, Japan

Cover: Foto ©ninafisch / pixelio.de

Manufactured and distributed by brebook publishing software (www.brebook.com)

W. Horn

Die heutigen Kriegswaffen insbesondere des Schießen der Infanterie

Die heutigen

Kriegswaffen

insbesondere

das

Schießen der Infanterie.

Herausgegeben
von

W. Horn,

Hauptmann im k. IX. Inf.-Reg. Wrede.

Mit 2 Tafeln.

(Separat-Abdruck aus „Die Elemente der Kriegs- ꝛc. Wissenschaften.")

Würzburg.
Druck und Verlag der Stahel'schen Buch- & Kunsthandlung.

Die Elemente
der

Kriegs- und Militär-Dienst-Wissenschaften

zunächst für das

praktische Erforderniß

jüngerer

Infanterie-Offiziere

von den Hauptleuten

v. Ansin, Horn, Macher, Reiser, Veith und Weißmann

im k. b. 9. Inf.-Reg. Wrede.

I. Theil. 1. Lieferung.

Die

heutigen Kriegswaffen

insbesondere das Schießen der Infanterie.

Mit 2 Tafeln.

Würzburg.
Druck und Verlag der Stahel'schen Buch- und Kunsthandlung.
1868.

Die heutigen Kriegswaffen

insbesondere

das

Schießen der Infanterie.

Herausgegeben
von

W. Horn,

Hauptmann im k. IX. Inf.-Reg. Wrede.

Mit 2 Tafeln.

Würzburg.
Druck und Verlag der Stahel'schen Buch- & Kunsthandlung.

Die heutigen
Kriegsfeuerwaffen,
dann insbesondere
das Schießen der k. Infanterie.

Mit 2 lithographirten Tafeln.

Einleitung.

Die Waffenlehre umfaßt die Beschreibung der Kriegswaffen, ihrer Construction und der hierzu nöthigen Materialien, dann die Regeln für die Anwendung und Instandhaltung derselben, sowie die Begründung ihrer Leistungsfähigkeit.

Man unterscheidet Nähe-, Ferne- und Schutzwaffen.

Die Nähewaffen werden gewöhnlich in Stich-, Hieb-, dann für beide Zwecke geeignete Waffen eingetheilt und auch Hand- oder blanke Waffen genannt. Hieher gehören das (Stich-) Bajonet, Haubajonet (Yatagan) zugleich als Säbel dienend, der Degen, die Uhlanen-Lanze, das Faschinen-Messer (Infanterie- ic. Säbel), der krumme Säbel, Stoßdegen oder Pallasch der Küraffiere ic.

Die Fernewaffen, Feuer- oder Schußwaffen, sind Handfeuerwaffen und Geschütze; ihre Elemente die Waffe selbst (zunächst das Rohr), das Geschoß und das Schießpulver als Triebkraft*).

Von den Infanterie-Feuerwaffen kamen seit den Kriegen in der Krimm und in Italien die glatten Vorderladungsgewehre wenigstens für regu-

---

*) Die 1846 erfundene Schießbaumwolle hat sich bisher für den Kriegsgebrauch nicht bewährt.

läre Truppen außer Gebrauch und dafür gezogene Vorder= oder wie seit 1867 fast durchgehends Rücklader in Anwendung. Man rechnet hierher auch die im Festungskriege gebräuchlichen schweren Wallgewehre.

Als Reitergewehre dienen meist kurze oder mittellange, glatte oder gezogene und wohl in Bälde Rücklab=Karabiner und Pistolen. Letztere sind öfters mit Ansteck= (Anschlag=) Kolben versehen und heißen dann Kolbenpistolen; in neuerer Zeit sind auch Revolver (mit einer Anzahl um eine Achse sich drehen= der Ladungen) in Aufnahme begriffen.

Von den Geschützen kommen die glatten Kanonen und Haubitzen (Ka= nonenähnliche Wurfgeschütze mit verjüngter Pulverkammer) immer mehr außer, dagegen die gezogenen Rückladungs=Geschütze in Gebrauch. Man unterscheidet im Allgemeinen Feld= und schweres Geschütze und letzteres wieder in Festungs=, Belagerungs=, Schiffs= und Küsten=Geschütze.

Die Schutzwaffen bestehen in Helmen und Küraffen ꝛc., über welche letztere die Meinungen so getheilt sind, daß die Einen sie gänzlich verwerfen, während Andere die gesammte Reiterei mit Panzern leichterer Art versehen wissen möchten.

In den folgenden Abschnitten werden nun die für den vorliegenden Zweck wichtigeren Gegenstände näher abgehandelt, wobei zugleich eine gründliche Kenntniß der einschlägigen Vorschriften angestrebt wird und diese so dargestellt werden, daß sie den Benützern dieses Buches — von welchen nicht jeder dieselben im Besitze hat — zur Aushilfe zu dienen vermögen. Die Her= anziehung der wichtigsten Rückladungssysteme und Hinterlader anderer Armeen glauben wir nicht erst begründen zu dürfen.

Auch beim Selbstunterrichte wird man das eingeführte Gewehr und was sonst hierher Gehöriges verfügbar gemacht werden kann, stets zur Hand nehmen, und da wo sich Gelegenheit bietet, das Material der Artillerie gründlich besich= tigen, auch die Schießübungen derselben nicht außer Acht lassen.

Schließlich machen wir für allenfallsigen weiteren Gebrauch aufmerksam auf Sauer's Grundriß der Waffenlehre (München 1866), Ploennies Neue Hinterladungsgewehre (Darmstadt und Leipzig 1867) und Elgger's Kriegs= feuerwaffen der Gegenwart, ihr Entstehen und ihr Einfluß auf die Taktik ꝛc. (Leipzig 1868), welche Werke wir unter Andern, nächst den Vorschriften für den Unterricht der k. b. Infanterie, VIII. Theil, als Quellen benützt haben.

I. Abschnitt.

Charakteristik der Rückladungs=Gewehre.

§ 1.

Vergleichung der Rückladungs= und Vorderladungs= Gewehre.

Um die beiden Gewehrgattungen, nämlich Rückladungs= und Vorder= ladungssystem, in ihren Leistungen, sowie bezüglich ihrer Brauchbarkeit als Militärwaffe vergleichen zu können, ist es nöthig, vorerst festzustellen, welche Anforderungen an eine Militärschießwaffe überhaupt gestellt werden müssen, dann, in wie weit diese Anforderungen von den Rücklabungsgewehren im Gegensatze zu den Vorderladungsgewehren erfüllt oder übertroffen werden.

Diese Anforderungen charakterisiren sich im Allgemeinen in den Richtungen der Leistungsfähigkeit, Handhabung, Dauerhaftigkeit und Einfachheit.

Die Percussionskraft und Treffähigkeit des Geschosses bestimmen hiebei die Leistungsfähigkeit. Sie wird um so größer sein, auf je weitere Distanz das Geschoß noch hinreichende Wirkung gegen Menschen und Thiere besitzt und je größer der Procentsatz von Treffern sich gestaltet.

Die Leistungsfähigkeit beider Gewehrgattungen vergleichend, ergibt sich nunmehr, daß die Rücklabungsgewehre im Allgemeinen weder eine höhere Treffähigkeit noch eine größere Tragweite als die gezogenen Vorderladungsgewehre, dagegen den Vortheil der schnelleren und in allen Terrainverhältnissen leichteren Ladeweise besitzen, durch welche es ermöglicht ist, in der Hälfte der Zeit ein mindestens doppeltes Quantum von Geschossen auf den Gegner zu schleudern.

Große quantitative Wirkung, verbunden mit der dadurch erzeugten moralischen Einwirkung, wird demgemäß der Hauptvortheil der Rücklabungsgewehre sein.

§ 2.
Klassifikation der Rücklabungsgewehre.

Rücklabungsgewehre zerfallen je nach dem Mittel, wodurch der Gasabschluß stattfindet, in zwei Systeme und zwar:
    a) Systeme, bei welchen dieser Abschluß durch die Construction des Gewehres selbst,
    b) Systeme, bei welchen derselbe durch die Patrone allein erreicht wird.

Nach der Patronenart werden die Rücklabungsgewehre eingetheilt in:
    a) Systeme mit Einheitspatronen,
    b) Systeme, bei welchen die Zündmasse von der Patrone getrennt ist.

Außerdem zerfallen die Rücklabungsgewehre in:
    a) Einladungsgewehre (Einlader),
    b) Repetir- oder Magazinsgewehre.

Von letzteren gibt es wieder solche, welche als Einlader und im Bedarfsfalle als Magazinsgewehre verwendet werden können.

Die Systeme, bei welchen die Zündmasse von der Patrone getrennt ist, müssen als Uebergangssysteme bezeichnet werden. Zieht man dieselben bei der Classification der Gewehre nicht in Betracht, so können die Rücklader in zwei Hauptgruppen geschieden werden, deren eine von denjenigen Waffen eingenommen wird, bei welchen der gasdichte Laufabschluß nicht durch den Mechanismus selbst, sondern durch die Anwendung metallener Patronen hergestellt wird, und welche wieder in Einlader und Magazinsgewehre zerfallen, deren andere vom Zündnadelsysteme mit seinen verschiedenen Modificationen vertreten wird.

§ 3.
Die Patronen.

Die Schwierigkeit der Herstellung des gasdichten Abschlusses auf mechanischem Wege durch Construction der Waffe hatte die Anwendung von Metallpatronen zur Folge.

Durch letztere war es möglich, den Verschlußmechanismus des Gewehres außerordentlich zu vereinfachen. Die Anwendung der Metallpatronen ist jedoch durch die genaueste Fertigung ihrer Hülse und meist Vermehrung der Schloßtheile behufs rascher und sicherer Herausnahme der Patrone nach dem Schuß bedingt, welche vermittelst des sogenannten Nehmers geschieht.

Bei den Repetirgewehren wird zudem dieser Mechanismus um einen zweiten Hebel (Bringer) behufs Einführung der Patrone vermehrt.

Ungeachtet der außerordentlichen Sorgfalt, welche auf die Fertigung der Metallpatronen verwendet werden muß, um ihre richtige Function zu sichern, dann des erhöhten Kostenpunktes und der Complication der Schloßtheile verdrängen diese Patronen jetzt mehr und mehr die bisherigen Papierpatronen.

Von den Metallpatronen unterscheidet man zur Zeit noch zwei Hauptgattungen, nämlich:

- a) die gerollten (englischen, als deren bestes Muster zur Zeit dasjenige des Obersten Boxer angesehen werden kann) aus gepreßter Pappe und Messingblech combinirten Hülsen, bei welchen die centrale Zündung durch ein in der Achse des Bodens eingesetztes Zündhütchen bewirkt wird,
- b) die geprägten oder getriebenen (amerikanischen) ganz aus Metallblech (Kupfer, Tombak, Messing) gefertigten Hülsen, bei welchen die Zündung an der ganzen Peripherie durch einen im vorstehenden Rand der Basis eingeführten Satzring bewirkt wird[*].

§ 4.
Maßverhältnisse.

Das Gewehrkaliber beträgt: mindestens $2/5''$ (10—11 Mm.), höchstens $3/5''$ (15—17 Mm.); demselben entspricht ein mittleres Geschoßgewicht von 1 bis 2 Loth (18—36 gr.) und eine Pulverladung zwischen $2/8$ und $3/8$ Loth (4 und 5 gr.) oder $1/4$—$1/5$ Geschoßschwere.

Das Gewicht des Gewehres (ohne Bajonet) schwankt hiebei zwischen $7\frac{1}{2}$ und 10 Pfund (4 und $5\frac{1}{2}$ Kilogr.), beträgt also im Mittel das Zweihundertfache des Geschoßgewichtes, jenes der Munition entziffert sich für die kriegsgebräuchliche Mannesausrüstung von 60 Patronen auf $2\frac{1}{2}$ bis $4\frac{1}{2}$ Pfund ($1\frac{1}{2}$ bis $2\frac{1}{2}$ Kilogr.), wobei sich demnach die, auf 1 Pfund treffende Patronenzahl zwischen 25 und 14 stellt.

Die Länge des Gewehres hält $4\frac{1}{2}'$ (144 Cm.) ohne und 6' (188 Cm.) mit Bajonet.

---

[*] In letzterer Zeit wendet man mit Erfolg Kupferpatronen mit Centralzündung an.

II. Abschnitt.

Das auf Rücklabung abgeänderte bayerische Gewehr.

I. Kapitel.

Beschreibung und Behandlung.

§ 1.

Verschluß-Mechanismus. Gewehrmodelle.

An den königlich bayerischen auf Rücklabung abgeänderten Gewehren Muster 1858 wird beim Schusse der gasdichte Verschluß durch ein Ventil vermittelt. Die Zündweise ist ähnlich der, welche bei diesem Muster als Vorderladungsgewehr war.

Der Gasabschluß wird durch das Ventil in zwei mechanischen Momenten vermittelt und außerdem durch die als Patronenrest zurückbleibende Papierkappe begünstigt. Im ersten Momente findet der Verschluß durch Pressen des Ventilkopfes in den Ventilring in Folge der Wirkung der Verschlußschraube statt; im zweiten Momente jedoch durch Expansion des vorderen Theiles des Ventilkopfes in Folge des seitlichen Druckes der entwickelten Pulvergase. Zugleich versperrt die in der Kammeraufbohrung als Patronenrest zurückbleibende Papierkappe den Gasen den Weg, indem diese Kappe den gasabschließenden vorderen Kreis des Ventiles in der Regel überragt und sohin gegen den directen Zutritt des Gases deckt.

Die Entzündung der Pulverladung erfolgt durch ein Zündhütchen, welches zwar mit der Patrone verbunden ist, beim Laden jedoch von derselben durch Aufsetzen auf den Zündkegel getrennt wird.

Die Gewehrmodelle sind breierlei und unter sich in nachfolgend bezeichneten Punkten verschieden.

Die Modelle I und II unterscheiden sich nur durch die Aufsatzklappe; ersteres hat eine einfache Klappe mit zwei Durchsichten und einer Uebersicht für 800 Schritte — letzteres hingegen eine höhere Aufsatzklappe mit Schieber und einer Uebersicht für 1100 Schritte.

Das Modell III ist um 4 Zoll kürzer als die Modelle I und II, hat einen stärkeren Lauf, eine Uebersicht der Aufsatzklappe für 1200 Schritte und eine Riemenschraube statt des unteren Riemenbügels.

Infanterie- und Schützengewehre sind ohne Bajonet 49,8 Zoll, mit Bajonet 69,8 Zoll lang; das Gewicht beträgt ohne Bajonet 8 Pfund 9 Loth, mit Bajonet 8 Pfund 31 Loth.

§ 2.
Die einzelnen Theile.

Die Hauptbestandtheile der drei Modelle sind: der Lauf, der Verschlußmechanismus, das Schloß, der Abzug mit Sperre, der Schaft, die Garnitur, der Entladestock und das Bajonet. (Fig. 1 und 2.)

Der Lauf nimmt die Patrone auf, und gibt dem Geschosse die zum Schusse erforderliche Flugrichtung. Derselbe ist am dickern Ende mit einem Gewinde von 11 Gewindfäden versehen und hat unfern der Mündung oder vorderen Oeffnung des Laufes den Kornsattel, welcher zugleich als Bajonetthaft dient, dann etwas vor dem hinteren Ende den aufgelötheten Aufsatzfuß.

Im Innern des Laufes — der cylinderischen Bohrung oder Seele — mit dem Durchmesser oder Kaliber von 0,53 Zoll, sind vier gleich breite und gleich tiefe Züge bemerkbar, welche schraubenartig nach rechts gewunden sind; zwischen den vier Zügen liegen vier mit diesen beinahe gleich breite Felder.

Die schraubenartige Windung nach rechts, Umgang oder Drall genannt, beträgt auf die Länge von 60 Zollen einen ganzen Umgang. Die Linie, welche durch die Mitte der Bohrung oder Seele gedacht wird, heißt die Seelenachse.

Ferner befindet sich im Innern und am hinteren Ende des Laufes das Patronenlager, dessen Durchmesser um einen Punkt größer als der des Laufes zwischen den Zügen ist. Der Uebergang vom Patronenlager in den gezogenen Theil des Laufes ist kegelförmig. Der hintere Theil des gezogenen Laufes ist um sehr wenig weiter als der übrige Theil, welche Erweiterung der Fall genannt wird.

Zunächst des hinteren Endes des Patronenlagers befindet sich eine Kerbe, welche den Zweck hat, den Rest der Patronenhülse (die Papierkappe) nach dem Schusse durch das erfolgte Einklemmen derart festzuhalten, daß beim nachherigen Oeffnen des Verschlusses wohl der Verschlußcylinder, aber nicht die Papierreste mit zurückgehen. Die nächst einzuführende Patrone schiebt diese Reste vorwärts und der hierauf folgende Schuß wirft dieselbe aus dem Laufe. Vor dieser Kerbe ist auf der rechten Seite des Laufes eine Kupferfütterung eingeschraubt, durch deren eng gebohrten Kanal der Zündstrahl eindringt.

In dem als Bajonetthaft dienenden Kornsattel ist das Korn eingeschleift.

Die Aufsatzklappe dient zum Visiren; sie besteht aus dem senkrecht zur Klappe stehenden Stöckchen mit Visirkerbe oder Grinsel für 300 Schritte und der eigentlichen Klappe, welche, wenn sie nicht gebraucht wird, am Laufe anliegt.

Der Verschlußmechanismus hat den Zweck, die Manipulation des schnellen Ladens zu erleichtern, und beim Schusse einen vollkommenen Gasabschluß zu bewerkstelligen.

Derselbe besteht aus der Verschlußhülse mit dem Zündkegel, der Zündkanalschraube, dem Leitschraubengehäuse und dessen Schrauben, aus dem eingelegten Ventilringe, aus dem Verschlußcylinder mit dem Hebel, dessen Schraube, dem Ventilkopfe nebst Schraube, ferner aus dem Staubdeckel.

Das Schloß bewirkt das Verpuffen des Zündhütchens und dadurch die Entzündung der Patrone, wobei die Gase des Zündsatzes die Papierhülse durchbringen müssen.

Dasselbe besteht aus: Schloßblech, Hahn, Nußschraube, Schlagfeder, Nuß, Stubel mit Schraube, Stange mit Schraube, Stangenfeder mit Schraube.

Der Abzug und die Sperre, welche unter sich verbunden sind, bestehen aus folgenden Haupttheilen:

Abzugsblech, Sperrfeder, Drücker mit Platte, Sperrstift.

Die Sperre hat den Zweck, die Wirkung des Abzuges und das damit verbundene Losschlagen des Hahnes so lange zu hindern, als nicht der Verschluß des Patronenlagers gesichert ist; was nur möglich wird, nachdem der Verschlußcylinder so weit nach rechts gedreht ist, daß der Ventilkopf sich im Ventilringe anlegt, indem dann der Sperrstift in die Vertiefung des Verschlußcylinders eintreten und die Platte des Drückers den Stangenarm berühren und heben kann. Diese Sperrvorrichtung ist sohin eine Versicherung gegen das Losgehen des Gewehres, so lange nicht der Verschluß vollkommen hergestellt ist, da bis zu diesem Momente der Sperrstift so weit abwärts gehalten wird, daß er die Drückerplatte hindert, die Stange zu berühren.

Die Sperrfeder bewirkt durch ihren Druck auf die Drückerplatte das Zurücktreten des Sperrstiftes aus der Vertiefung des Verschlußcylinders, sobald die Wirkung des Fingers auf das Züngel endet.

Der Schaft vereinigt in sich alle Theile des Gewehres und macht die Waffe hieburch für den Gebrauch geeignet.

Man unterscheidet an ihm: die Laufrinne, die Entladestocknuthe, den Kolbenhals, die Nase und den Kolben selbst.

Die Garnitur verbindet Lauf nebst Verschlußmechanismus, Schloß und Abzug mit dem Schaft, hält einige Zugehörtheile an der Waffe fest und schützt den Abzug wie den Schaft vor Beschädigung.

Dieselbe besteht aus: drei Ringen mit Federn, Entladestockfeder, zwei Riemenbügeln, Abzugsbügel, Seitenblech mit der Seitenblechschraube, zwei Schloßschrauben, Kreuzschraube, Kolbenkappe nebst zwei Schrauben.

Der Entladestock dient zum Entladen des Gewehres und als Wischer beim Reinigen des Laufes. Er besteht aus Klinge, Setzerkopf und der zum Anlegen des Wischlappens bestimmten Verzahnung.

Das Bajonet besteht aus: Klinge, Hals, Dülle und Sperrring.

§ 3.

Gewehr-Zugehör.

Zur Behandlung und Reinhaltung ist bestimmt: 1) der Gewehrriemen, 2) der Gewehrpfropf, 3) das Visirschutzleder.

Ferner gehören zu jedem Gewehre: 4) ein Reservezündkegel, 5) die Raumnadel, 6) der Infanterie-Zündkegelzieher, 7) das Hammerschlagbüchschen.

Außer dem Zündkegelzieher dienen noch zum Zerlegen des Gewehres: 8) der Schlaghammer, 9) das Schlagstück, 10) der Federhacken.

Dann ist außer dem Inhalte des Hammerschlagbüchschens zum Reinigen der Gewehre bestimmt: 11) der hölzerne Wischstock.

§ 4.
Zerlegen im Allgemeinen.

Ab- oder herausgenommen sollen werden:

I. In der Regel nur vom Büchsenmacher,
1) die Verschlußhülse, 2) das Ventil, 3) der Hebel am Verschlußcylinder, 4) das Spiralfederschräubchen am Aufsatzfuße, 5) die Stoßklappe, 6) die Ringfedern, 7) die Entladestockfeder, 8) der Bajonetsperring.

II. Selten und nur von Offizieren oder von mit der Behandlung der Waffen ganz vertrauten Unteroffizieren:
1) die Zündkanalschraube; 2) die Aufsatzklappe; dieselbe wird beim Wiederanschrauben in liegender Stellung an den Aufsatzfuß geschoben; 3) das Leitschraubengehäuse; 4) das Seitenblech; 5) der Abzugsbügel mit dem Abzuge und der Sperre; 6) die Riemenschraube bei Modell III.

Das Zerlegen der Sperre hat nur, wenn es unumgänglich nöthig ist, zu geschehen und zwar von einem mit der Waffe vertrauten Unteroffiziere oder jedenfalls nicht ohne Aufsicht eines solchen.

Das Zerlegen des Gewehres darf nur im Falle der Nothwendigkeit einer Reinigung oder Untersuchung stattfinden; insbesondere soll das Schloß nur dann zerlegt werden, wenn es rostig geworden oder dessen Gang durch Staub, Pulverrückstand, verdichtetes Oel oder Mangel an Oel ꝛc. gehemmt wird. Wenn thunlich, hat dieses unter Aufsicht eines Unteroffiziers zu geschehen.

Das Herausnehmen des Laufes aus dem Schafte wird in der Regel nur nothwendig, wenn ein Gewehr sehr naß wurde; wenn solches zur Magazinirung eingeliefert oder nach langer Aufbewahrung zum Gebrauche abgegeben wird oder wenn diese Zerlegung zum Zwecke einer Visitation unvermeidlich erscheint.

Hiebei sollen, wo möglich, nur die vorgeschriebenen Zerlegewerkzeuge in Anwendung kommen.

Bei Behandlung der Schrauben ist Folgendes zu beachten:

Vor dem Einschrauben ist das Eingreifen ihrer Gewinde in die Mutter durch vorsichtiges Eindrehen nur mit der Hand zu versuchen, niemals aber hiebei gewaltsam zu verfahren.

Das Anziehen der Schrauben soll mäßig stattfinden.

Der kleine Schraubenzieher ist bei allen kleinen Schrauben, besonders bei jenen mit versenkten Köpfen in Gebrauch zu nehmen.

Alle Schrauben, die in Metall gehen, sind vor dem Einschrauben an den Gewinden der Spitze des Schraubenstengels etwas einzuölen; Holzschrauben dürfen kein Oel, sondern nur Fett erhalten. Um Verwechslung zu vermeiden, sollen die abgenommenen Schrauben mit ein paar Umgängen in die entsprechenden Muttern gedreht werden.

§ 5.
Zerlegen und Zusammensetzen.

Bei dem Zerlegen des Gewehres ist nachstehende Reihenfolge einzuhalten: 1) das Bajonet; 2) der Entladestock; 3) der Verschlußcylinder mit dem Staubdeckel, nachdem die Leitschraube gelüftet worden; 4) das Schloß wird abgenommen, nachdem der Hahn gespannt, die Kreuzschraube etwas gelüftet, die beiden Schloßschrauben losgeschraubt und die hintere herausgenommen ist; 5) der Zündkegel nur dann, wenn sich vermuthen läßt, daß sein Gewinde der Reinigung bedarf; 6) die Seitenblechschraube; 7) die Kreuzschraube; 8) die drei Ringe, nachdem der Gewehrriemen im oberen Riemenbügel gelöst worden, und endlich 9) der Lauf mit der eingeschraubten Verschlußhülse.

Beim Zerlegen des Schlosses wird in folgender Weise verfahren: Der Hahn wird gespannt, der Federhacken an die Schlagfeder angelegt und so weit zusammengeschraubt, daß er an derselben haftet, worauf das Schloß abzulassen ist; die Schlagfeder wird abgenommen und wenn es nothwendig ist, der Federhacken langsam abgeschraubt; hierauf werden die Stangenfederschraube mit der Stangenfeder, dann die Stangenschraube mit der Stange und die Stubelschraube mit der Stubel entfernt, die Nußschraube ausgeschraubt, der Hahn von der Vierung getrennt, endlich die Nuß abgenommen.

Um die Stangenfeder abzunehmen, wird deren Schraube ungefähr zur Hälfte losgeschraubt und die Feder durch leichte Anschläge mit dem Zündkegelzieher so gelüftet, daß man den kleinen Schraubenzieher zwischen dem Schloßbleche und der Feder einsetzen und somit den Federstift aus seinem Lager heben kann, worauf die Schraube ganz herausgeschraubt und die Feder abgenommen werden kann.

Das Zusammensetzen des Gewehres geschieht in folgender Ordnung, nämlich: 1) der Lauf mit der Verschlußhülse; 2) die drei Ringe werden bis nahe an ihr Lager geschoben; 3) die Kreuzschraube wird, jedoch nicht so fest, als schließlich nothwendig ist, eingeschraubt; 4) die Ringe sind so weit zurückzuschieben, daß ihre Federn eingreifen können; 5) der Zündkegel ist so weit einzuschrauben, als ohne Gewaltanwendung thunlich wird, das ist, bis derselbe mit seiner unteren Fläche auf dem Boden im Zündstollen aufsitzt, während äußerlich sichtbar die Scheibe des Zündkegels etwas von der Fläche des Zündstollens absteht; 6) das Schloß wird, nachdem es in der nachfolgend beschriebenen Weise zusammengesetzt worden, in den Schloßkasten bis auf dessen Grund eingelegt; 7) die beiden Schloßschrauben sind einzuschrauben, die hintere so weit, daß der Schraubenkopf nicht über die äußere Fläche des Schlosses vorsteht; 8) die Kreuzschraube wird entsprechend stark angezogen, so daß der Kopf der-

selben nicht über die innere Fläche der Verschlußhülse vorsteht; 9) die Seiten=
blechschraube; 10) der Verschlußcylinder mit dem Staubdeckel wird eingeführt
und die Leitschraube eingeschraubt; 11) der Entladestock in die Nuthe gesteckt
und im Stoßbleche eingeschraubt; 12) der Gewehrriemen befestigt; 13) das
Bajonet ist aufzupflanzen und der Sperrring zu schließen.

Das Zusammensetzen des Schlosses geschieht in folgender Weise:
Nachdem die Nußwelle in das Nußwellenloch gebracht worden, wird der Hahn
an die Vierung gesteckt und mittelst der Nußschraube an dieser befestiget. Die
Stubel wird durch die Stubelschraube an dem Schloßbleche befestiget, die Stange
eingelegt und die Stangenschraube so viel eingeschraubt, daß der Schraubenkopf
die Stubel berührt, ohne die Stange in der nöthigen Bewegung zu hemmen;
hierauf wird die Stangenfeder, deren Stift bei halb angezogener Schraube mit
dem Daumen der linken Hand in den Einschnitt zu drücken ist, aufgeschraubt;
endlich wird der Hahn ganz vorgelassen, die Schlagfeder eingesetzt und, indem
sie mit der linken Hand an das Schloßblech gedrückt wird, der Hahn mit der
rechten gespannt, worauf der Federhacken abzunehmen ist.

§. 6.
Reinigung im Allgemeinen.

Der Zweck des Reinigens ist erfüllt, wenn alle Theile in rostfreiem,
stets vollkommen brauchbarem Zustande sich befinden, daher das sogenannte
Blankputzen irgend eines Theiles — als den Gewehren schädlich — unterlassen
werden muß.

Es ist hiebei mit Sorgfalt zu verfahren und dürfen nur die nachstehend
benannten Putzmaterialien und Putz=Geräthschaften in Anwendung
kommen: 1) Reines Baumöl, geläutertes Klauen= oder Kammfett, reines Leinöl;
letzteres nur zum zeitweisen Einölen der Schäfte; 2) Schmirgel, Hammerschlag
oder im Nothfalle auch Ziegelmehl; 3) der hölzerne Wischstock oder der Wischer
am Entladestocke; 4) eine Spachtel von weichem Holze, am besten von Linden=
holz, zum Abreiben von Rostflecken, Reinigen der Schloßtheile, Gewinde 2c.;
5) Lappen von weicher Leinwand, Tuch oder Flanell.

Nach jedesmaligem Gebrauche des Gewehres sind, wenn es nicht
naß geworden oder aus selbem nicht gefeuert wurde, die Eisentheile außen mit
einem in Oel oder sonst flüssigem Fette getränkten Lappen abzuwischen, nach
längerem Gebrauche aber auch im Innern mit Fett zu wischen, um das Rosten
zu hindern.

Ist ein Gewehr von der Kälte unmittelbar in die Wärme ge=
bracht worden, so reibt man von den Eisentheilen den Anflug von Feuchtigkeit
mit einem trockenen Lappen ab und wischt auch das Innere des Laufes trocken,
worauf diese Theile mit einem Oellappen überfahren werden.

Ganz durchnäßte Gewehre sollen mit einem trockenen Lappen ab=
gerieben und — wenn thunlich — fern von der Ofen= oder Sonnenhitze an
einem luftigen Orte getrocknet werden, bevor man sie zerlegt.

In allen Fällen, in welchen das Gewehr abzutrocknen oder auszu=
schwitzen hat, wird der Verschluß geöffnet, damit die Luft durchziehen
und sich nicht Feuchtigkeit am Ventile sammeln könne.

§ 7.
Reinigung der Theile.

In der Regel, selbst im Falle ein leichter Rostanflug vorhanden ist, wird es genügen, wenn der Lauf, der Verschlußmechanismus, das Bajonet, der Entladestock und die Garnitur mit dem in Oel oder Fett getränkten Lappen abgerieben und, wo es nothwendig ist, auch im Innern gewischt werden, um sie wieder in reinen Zustand zu setzen. Zeigen sich starke Rostflecken, so sind dieselben mit Schmirgel oder Hammerschlag zu beseitigen und hiezu — wenn nöthig — die hölzerne Spachtel zu benützen.

Selbstverständlich dürfen das Innere des Laufes und der Verschlußhülse, der Ventilkopf, die Aufsatzklappe, das Korn, alle blau angelassenen oder eingesetzten Theile des Schlosses, des Verschlußcylinders u. s. w. von den letzt genannten Putzmitteln niemals berührt werden und ist zur Reinigung derselben lediglich ein Lappen mit Oel oder Fett zu verwenden. Selbst Rostflecken sind an den erwähnten Theilen nur mittelst Oel zu entfernen und die allenfalls zurückbleibenden schwarzen Flecken zu belassen, da mit der gänzlichen Beseitigung derselben auch die Anlauffarbe vertilgt oder an dem Ventile der gasdichte Verschluß Schaden leiden würde.

Bei dem Reinigen des Laufes ist streng darauf zu halten, daß derselbe mit der Mündung nicht an einen härteren Gegenstand als Holz gestemmt werde; dieses gilt auch hinsichtlich der Verschlußhülse.

Zum Abwischen wird der Lauf auf einen Tisch oder eine Bank gestellt und mit der linken Hand gehalten; zum Auswischen mit dem Wischstocke legt man ihn flach auf einen Tisch oder hält selben in der linken Hand schief abwärts, ohne ihn fest gegen den Boden zu stemmen; hiezu wird der Verschlußcylinder herausgenommen. Das Patronenlager ist, von der Verschlußhülse aus, mit dem stärker umwickelten Wischer, welchen man dreht, zu putzen.

Zum Trocknen wird das Ventil geschlossen und in ähnlicher Weise, wie beim Waschen, mit trockenen Lappen so lange gewischt, bis der Lauf erwärmt ist, wobei die durch den Zündkanal strömende Luft diesen zu trocknen hat.

Alle Gewehr- sowie Schloßtheile werden so viel als möglich aus freier Hand gereinigt. Jene Stellen, welche sich reiben, werden mit etwas Oel versehen, um das Rosten zu verhüten und einen leichten Gang zu bewirken.

Das Oel soll hiebei die Flächen nur befeuchten, aber nie in Tropfenform darauf stehen, weil es sich leicht verdickt.

§ 8.
Erhaltung.

Jede eigenmächtige Reparatur oder Abänderung an irgend einem Theile des Gewehres ist verboten; jede Beschädigung muß sogleich angezeigt werden. Alle unnöthigen Schläge und Stöße, namentlich das gewaltsame Oeffnen und Schließen des Verschlußmechanismus, das Aufstoßen des Kolbens auf den Boden, sowie das Einführen des Entladestockes in den Lauf außer beim Reinigen oder Entladen sind zu unterlassen.

Der Gang des Verschlußcylinders darf nie probirt werden, wenn nicht die Leitschraube angezogen ist und denselben sonach führt. Jede Erweiterung des Zündkanals ist streng verboten.

Läßt aus irgend einer Ursache der Verschluß-Cylinder zum Oeffnen sich nicht bewegen, so ist derselbe vorerst noch mehr nach rechts zu drehen d. h. zu schließen, dann der Abzug — respective die Sperre — zu probiren, ob sie zurücktritt und nirgends hängen bleibt; worauf der Versuch zum Oeffnen — aber nie mit Schlagen — zu wiederholen ist; im Falle dieß nicht gelingen sollte, wäre das Gewehr dem Büchsenmacher zu übergeben.

Der Gewehrpfropf ist insbesondere im Freien zum Schutze gegen Nässe oder Staub aufzusetzen.

Bei Verwahrung der Gewehre ist Vorsorge gegen Herabfallen oder Umfallen derselben zu treffen.

§ 9.
Visitation.

Die Visitationen sollen, je nach Bedürfniß, besonders aber nach dem Empfange der Waffen aus einem Magazine, vor Einlieferung derselben zur Aufbewahrung, vor dem Ausrücken der Truppen zu einem Dienste, dann während der Reinigung oder nach Vollzug derselben geschehen.

§ 10.
Aufbewahrung.

Bei Aufbewahrung der Gewehre ist Folgendes zu beobachten: 1) Der Aufbewahrungsort soll hell, trocken und luftig sein. 2) Die Gewehre müssen vorschriftsmäßig gereinigt sein; alle Eisentheile, insbesondere das Innere des Laufes und des Verschlusses sind mit der vorgeschriebenen Waffenschmiere zu befetten. Die Bajonete werden aufgepflanzt. 3) Das Schloß muß abgelassen sein. 4) Der Schaft wird mit einem Lappen überfahren, der mit Baumöl oder gutem Leinöl befettet ist. 5) Das Innere des Laufes wird durch einen Pfropfen von hartem Holze vor Staub 2c. geschützt. 6) Visitationen der Gewehre müssen in den Verschlägen häufig, besonders im Frühjahre, vorgenommen werden und ist Rost und Schmutz durch Reinigung der Gewehre außerhalb der Verschläge sogleich zu entfernen.

Man vermeide, die Eisentheile mit feuchter Hand zu berühren.

§ 11.
Verpackung.

Alle Gewehre, welche zur Verpackung kommen sollen, werden vorher innen wie außen mit Waffenschmiere leicht überfahren und dann in besonders hiezu bestimmte Kisten (Packkisten) gepackt, deren jede 24 Gewehre in drei Lagen aufnimmt.

Die Bajonete werden an den Gewehren befestigt.

§ 12.
Leistungsvermögen.

Die flache Flugbahn unseres Gewehres ergibt sich aus der folgenden Darstellung der **Visirwinkel**, welche betragen für die Entfernung von:

200 Schritten	0⁰ 24′ 58″,		300 Schritten	0⁰ 38′ 7″,
400 „	0⁰ 51′ 44″,		500 „	1⁰ 5′ 57″,
600 „	1⁰ 20′ 50″,		700 „	1⁰ 36′ 30″,
800 „	1⁰ 53′ 1″,		900 „	2⁰ 10′ 31″,
1000 „	2⁰ 29′ 5″,		1100 „	2⁰ 48′ 47″,
1200 „	3⁰ 9′ 44″,		1300 „	3⁰ 32′ 1″,
1400 „	3⁰ 55′ 43″.			

Bei einem Versuche, welcher zur Ermittlung der absoluten **Trefffähigkeit** des bayerischen Rückladungsgewehres vorgenommen wurde, ergab sich denn nun auch nachstehendes günstige Resultat.

Auf die Entfernung von 300 Schritten:
77,7 pr. Ct. Treffer auf eine Fläche von 1☐′ rh.
94,4 „ „ „ „ „ „ 4☐′ rh.
100 „ „ „ „ „ „ 16☐′ rh.

Auf die Entfernung von 500 Schritten:
33,3 pr. Ct. Treffer auf eine Fläche von 1☐′ rh.
76,2 „ „ „ „ „ „ 4☐′ rh.
100 „ „ „ „ „ „ 16☐′ rh.

Auf die Entfernung von 700 Schritten:
12,5 pr. Ct. Treffer auf eine Fläche von 1☐′ rh.
29,2 „ „ „ „ „ „ 4☐′ rh.
66,6 „ „ „ „ „ „ 16☐′ rh.
100 „ „ „ „ „ „ 64☐′ rh.

Auf die Entfernung von 900 Schritten:
16,6 pr. Ct. Treffer auf eine Fläche von 1☐′ rh.
20,8 „ „ „ „ „ „ 4☐′ rh.
41,7 „ „ „ „ „ „ 16☐′ rh.
75,0 „ „ „ „ „ „ 64☐′ rh.
95,8 „ „ „ „ „ „ 144☐′ rh.

Als Maß der **Durchschlagkraft** ergaben sich nachfolgende Ziffern, und zwar auf:

200 Schritte 6,49 Stück einzöllige Fichtenbretter,
400   „   5,2   „   „   „
600   „   4,4   „   „   „
800   „   3,7   „   „   „
1000   „   3,08   „   „   „

Die **Sicherheit ungestörter Function der Feuerwirkung** erwies sich durch einen Versuch mit 1000 Schüssen aus einem Gewehre innerhalb zweier Tage — bei welchem am ersten Tage 460 und am zweiten Tage 540 Schüsse, sämmtliche innerhalb 7 Stunden — abgegeben wurden, ohne während der ganzen Dauer des Versuches weder das Innere des Laufes, noch den Verschlußmechanismus zu reinigen.

Hierbei konnte weder an dem Verschlußmechanismus im Ganzen, noch an den Einzeltheilen die geringste Veränderung wahrgenommen werden.

Die Ladung ging vom ersten bis zum letzten Schuß ohne den geringsten Anstand vor sich, da die Kammer am Schlusse noch vollkommen rein, ohne bemerkbare Verschleimung war, ein Beweis, wie richtig die Kammerconstruction und das Verhältniß deren Dimensionen zu jenen der Patrone ist.

Die Versager beschränkten sich auf die geringe Zahl von 0,7 pr. Ct., und bei diesen wenigen Schüssen wurde es nicht nöthig, die Patrone zu entladen, sondern die Zündung erfolgte mit einem zweiten aufgesetzten Reserve-Zündhütchen.

Neben Beibehaltung der Trefffähigkeit und Tragweite des früheren bayerischen Vorderladungs-Gewehres wurde durch die Umänderung desselben in die Rückladung die Möglichkeit erzielt, eine mittlere **Feuergeschwindigkeit** von 5 Schuß, für geübtere Schützen von 6—7 Schuß in der Minute zu erreichen.

§ 13.

Munition.

Die **Munition** besteht aus **scharfen und blinden Patronen**, wovon erstere in den Laboratorien, letztere bei den Abtheilungen angefertigt werden.

Zur **scharfen Patrone** (Taf. I. Fig. 6) gehören: das **Geschoß**, die Pulverladung, die Patronenhülse (papierene, conische Röhre, dann Boden aus Pflanzenpapier mit Höhlung für das Zündhütchen), das **Zündhütchen** (neuer Art mit Firnißbedeckung des Zündsatzes), der **Fadenbund** und die **Fettmischung** (9 Gewichtstheile Unschlitt, 2 Wallrath, 1 gelbes Wachs).

Das **Geschoß** von conisch ogivaler Form hat 2 Cannelirungen am conischen Theile und von der Basis gegen die Spitze einen Hohlraum mit un-

II. Abschnitt. Das auf Rückladung abgeänderte bayer. Gewehr.

ten, gegen die Achse hin, gewölbter und oben conischer Mantelfläche. Die Höhe desselben beträgt 0",84, der Durchmesser an der Basis 0",546, das Gewicht 1,58 Loth. Auf 1 bayerisches Pfund gehen 20,3 solcher gepreßter Geschosse. Ein Mann kann in 8 Stunden 1000 derselben vollständig herstellen.

Die **Pulverladung** beträgt $4.25/_{16}$ Loth neuen Gewehrpulvers, welches aus einem Gemenge von 76 Theilen Salpeter, 10 Theilen Schwefel und 14 Theilen Kohle besteht.

Die **Patronenfertigung** gerfällt in das Kalibriren der Geschosse, Untersuchen der Hülsen, Füllen, Eindrücken der Geschosse, Ausziehen der Runzeln, Kalibriren der Patrone, Würgen der Hülsen, Anlegen des Bundes, Abschneiden der Hülsen, Lehren der Patronen auf ihre Länge und Fetten derselben.

Zur **Verpackung** werden 10 Patronen in 2 durch ein Einlegblatt getrennte Reihen so in die aus blauem Umschlagpapiere bestehende Packschachtel gelegt, daß die Geschosse jeder Reihe in anderer Richtung liegen. Ein Paket wiegt $19^{1}/_{2}$ Loth.

Solcher Pakete kommen 263 in einen ganzen Infanterie-Munitions-Verschlag, welcher sonach 2630 Patronen enthält, wozu für den Ausmarsch noch 12 pr. Ct. oder 360 (5 Pakete zu 72 Stücken) Reserve-Zündhütchen kommen. Gewicht $174^{1}/_{4}$ Pfund, wovon 12 auf den Verschlag kosten. Ein **halber** Verschlag faßt 1480 Patronen, dann 216 Reserve-Zündhütchen und wiegt im Ganzen 102 Pfund.

Für 1000 Patronen sind an **Material** erforderlich 51 Pfund 8 Loth Blockblei inclusive 4 pr. Ct. Feuerabgang, 1100 gelieferte Hülsen, 8 Pfund 12 Loth Pulver inclusive Verstaubung, 1010 Zündhütchen ohne die 12 pr. Ct. Reserve, dann 101 Packschachteln 2c. An **Arbeitszeit** bedarf ein Mann, ausschließlich der Bleiarbeiten, und einschließlich des Verpackens $64^{1}/_{2}$ Stunde; derselbe macht daher in 10 Stunden über 150 Patronen.

Zur **blinden Patrone** gehören der **Pfropf**, die **Pulverladung**, die **Patronenhülse**, das **Zündhütchen** (vorläufig noch ältere mit Kupferdeckplättchen).

Der **Pfropf** besteht aus 3—5 runden Fleckchen von weichem grauem Fließpapiere, die zu einem länglichen Cylinder zusammengedrückt werden.

Die **Pulverladung** beträgt $3/_{16}$ Loth und wird vorerst noch Musketenpulver aus 75 Theilen Salpeter, $12^{1}/_{2}$ Schwefel, $12^{1}/_{2}$ Kohle verwendet. Bei weniger als $3/_{16}$ Loth würde die Patrone zu kurz, der Pfropf an die Ausmündung des Zündkanals kommen und sonach die Entzündung unmöglich.

Die **Patronen-Anfertigung** geschieht in folgender Reihe: Untersuchung der Hülsen, Füllen, Anfertigen der Pfröpfe, Eindrücken derselben in die Hülsen, Zusammendrehen und Abschneiden, Kalibriren und Lehren der Patronen auf Durchmesser und Länge.

Zur **Verpackung** dienen Schachteln von Makulaturpapier und werden Einlagen nicht gemacht.

In einen **ganzen Verschlag** gehen 3000 Stück, in 12 Lagen zu 25 Paketen; Gewicht 43 Pfund. In den **halben** Verschlag kommen 2040 Stück; Gewicht $30^{1}/_{2}$ Pfund.

Für 1000 Patronen ist der Bedarf an **Material** 1050 gelieferte Hülsen, 6 Pfund Musketenpulver, 4 Buch und 20 Bogen Fließpapier, 1010 Zündhütchen, 17 Bogen Makulaturpapier 2c. An **Arbeitszeit** sind für vollständige Anfertigung und Verpackung 36 Stunden nöthig und kann 1 Mann in 1 Stunde $27^{1}/_{2}$ blinde Patronen fertigen und packen.

II. Kapitel.

Schießen.

Vorbemerkung.

Der Zweck des Unterrichtes ist, die Leute zu **Kriegsschützen** und nicht nur zu Scheibenschützen auszubilden.

Zur Erreichung dieses Zweckes ist der Unterricht mit Eifer, aber auch mit Gelassenheit und steter Rücksicht auf die körperlichen, geistigen und moralischen Eigenschaften jedes Einzelnen zu ertheilen.

Es muß getrachtet werden, die Neigung zum Schießen zu wecken und zu steigern, weßhalb der Soldat mit den **Gründen** des von ihm **Geforderten** bekannt zu machen und ihm die Ueberzeugung beizubringen ist, daß mit der ihm gegebenen Waffe den an ihn gestellten Forderungen leicht entsprochen werden könne.

Der Unterricht selbst besteht in einem **Lehr-** und einem **Uebungs-kurse.**

Mit ersterem ist ein theoretischer und praktischer **Vorunterricht** verbunden.

In der Regel soll der Lehrkurs in dem ersten Dienstjahre beendigt werden.

Er bildet die Grundlage des Unterrichts im Scharfschießen für alle Neuzugegangenen, dann auch für jene Individuen, welche in früheren Dienstjahren ihn nicht vollendet haben, oder überhaupt sich im Schießen die zum Uebertritt in den Uebungskurs nothwendige Fertigkeit nicht aneignen konnten.

Durch einen rationellen Unterricht im ersten Jahreskurse wird die Mehrzahl der Leute so weit ausgebildet werden, daß sie in die zweite Schützenklasse gelangen.

Im **Uebungskurse** sind jene Offiziere, Unteroffiziere und Soldaten, welche den Anforderungen des Lehrkurses entsprochen haben.

Den Offizieren wird der Unterricht durch einen Stabsoffizier oder Hauptmann — den Unteroffizieren und Soldaten durch die Kompagnie-Offiziere unter Leitung und Verantwortung des Kompagnie-Kommandanten ertheilt.

I. Geräthschaften und Kisten.

§ 1.

Zielmaschine.

Die Zielmaschine (Taf. I Fig. 7), soll zum theoretischen Unterrichte im Scheibenschießen als Gewehrträger in nachfolgender Art gebraucht werden.

Sie wird auf ebenen, festen Boden so aufgestellt, daß die Drehscheibe möglichst wagrecht, die Griffe der beiden Flügelschrauben auf der rechten und die der beiden Stellschrauben auf der linken Seite des Zielenden sich befinden.

Die zu den Füßen gehörigen Schraubenmuttern sind anzuziehen, bis jene fest stehen.

Der Gewehrträger wird so hoch gehoben, als es der Größe der betreffenden Leute entspricht und dann mittelst des Vorsteckers, welcher durch die Charniersäule geschoben wird, befestigt.

Nun ist das Gewehr so in den Gewehrträger zu legen, daß das Schloß ungefähr 4" rückwärts des hintern Lappens und die obere Fläche der Stöckchens wagrecht zu liegen kommen, in welcher Lage das Gewehr durch die Flügelschrauben erhalten wird.

Hierauf ist dem Gewehre die entsprechende Richtung zu geben, wobei die linke Hand die bezüglichen Maschinentheile durch die beiden Stellschrauben befestigt.

§ 2.
Scheiben.

Zu dem Unterrichte und den Uebungen sind folgende Scheiben bestimmt:

I. Die **Mannsscheibe** (Taf. I. Fig. 13).

Zum Einzelnschießen in Entfernungen bis einschließlich 300 Schritte.

II. Die **große Scheibe**. (Fig. 14.)

Zum Einzelnschießen in Entfernungen über 300 Schritte.

III. Die **bewegliche Scheibe**.

Zur Uebung nach einem sich bewegenden Ziele wird eine Scheibe Nr. I auf ein mit Rädern versehenes Gestell (Rollwagen) gesetzt.

IV. Die **Scheiben für geschlossene Abtheilungen**.

Zum Feuern nach Kommando in geschlossenen Abtheilungen werden 3 Mannsscheiben nebeneinander gestellt.

V. Die **zusammengesetzte Scheibe zum Einzelnschießen ohne Kommando**.

Zum Einzelnschießen auf größere Entfernungen können nach Bedürfniß, insbesondere bei starkem Seitenwinde, Mannsscheiben neben die große Scheibe gestellt werden; hiebei zählen jedoch nur die Schüsse in der mittleren Scheibe als Treffer.

VI. Die **Scheibe zum Schießen mit Zimmergewehren**.

Hiezu dient ein Blatt Papier mit einer 1" im Durchmesser haltenden Fläche und wird dieses an den Haken eines kleinen eisernen Kugelfanges befestigt.

§ 3.
Zielruthen, Fahnen und Pfahl zum Auflegen.

Zu jedem Schießstande gehören ferner Zielruthen von verschiedener Größe, eine kleine **Fahne** und ein **Pfahl** zum Auflegen des Gewehres; außerdem ist in der Regel für jeden Kugelfang eine **große Fahne** als Warnungszeichen nothwendig.

§ 4.
Verrichtungen der Zieler.

Zu den Verrichtungen an den Scheiben wird für jeden Zielerstand, mit einer oder zwei Scheiben, ein Unteroffizier bestimmt, welchem Soldaten in entsprechender Anzahl beigegeben werden.

Der Unteroffizier trägt die Verantwortung für Alles, was an der Scheibe vorkommt. Sowohl er, als die Zieler, sind für das richtige, gewissenhafte Aufzeigen der Schüsse haftbar.

§ 5.
Listen und Berichte.

Die Listen, welche beim Schießunterrichte geführt werden, sind: A. die Schußlisten, B. das Tagbuch, C. die Munitionsverrechnung, D. das Klassenverzeichniß der Schützen (Unteroffiziere und Soldaten), E. der Schießbericht.

Die Schußlisten für das Einzelnschießen ohne und nach Kommando und jene für das Feuern in geschlossenen Abtheilungen nach Kommando haben den Zweck, die Fertigkeit im Scharfschießen sowohl jedes Einzelnen, als der ganzen Mannschaft zu documentiren und als Anhaltspunkt zur Bildung der Schützenklassen zu dienen.

Das Tagbuch, welches der, den Unterricht ertheilende Offizier einträgt, ist als Ergänzung der Schußlisten und als Anhaltspunkt für die Munitionsberechnung zu betrachten und dient dazu, dem Kompagnie-Kommandanten einen Ueberblick über das Geschehene zur ferneren Leitung des Unterrichtes zu geben, sowie den höheren Vorgesetzten die Beurtheilung der Unterrichtsweise der Kompagnie zu erleichtern.

Um diese Zwecke zu erfüllen, sind kurze Notizen über die Art der Uebungen, den Anzug und die Ausrüstung der Schützen, die Witterungsverhältnisse und besondere Vorfälle zu geben. Auch ist der Verbrauch an Munition für den betreffenden Tag vorzutragen.

Der den Unterricht an die Offiziere ertheilende oder diese Schießübungen leitende Stabsoffizier oder Hauptmann wird ein Tagbuch ähnlich dem der Kompagnien führen.

Jährlich wird nach Beendigung des Scharfschießens von jeder Kompagnie, sowie von dem die Schießübungen der Offiziere leitenden Stabsoffizier oder Hauptmann eine Munitionsberechnung verfaßt.

Jede Kompagnie führt ein Verzeichniß, aus welchem die Eintheilung der Unteroffiziere und Soldaten in Schützenklassen ersichtlich ist.

Jährlich nach Beendigung der Schießübungen wird jede Kompagnie, sowie der die Schießübungen leitende Stabsoffizier oder Hauptmann dem Regiments- oder Bataillons-Kommando einen Schießbericht nebst den unter A, B und C benannten Listen vorlegen.

Dieser Bericht soll melden: a) die Resultate des Unterrichts und der Schießübungen im Allgemeinen, mit Bemerkungen über den allenfallsigen Einfluß besonders günstiger oder ungünstiger Verhältnisse, sowie über die Anlagen und den Eifer der Schützen; b) die Qualität der Munition im Allgemeinen und ihrer einzelnen Theile; c) wesentliche, insbesondere störende Vorkommnisse in dem Gebrauche der Waffen.

II. Vorunterricht.

§ 6.
Allgemeine Bestimmungen.

Der dem Unterrichte der Soldaten im Schießen mit scharf geladener Waffe vorausgehende theoretische und praktische Vorunterricht im Zielen, Anschlagen und Abbrücken des Gewehres in verschiedenen Körperstellungen, dann in dem richtigen Gebrauche des Visirs für die verschiedenen Entfernungen beginnt mit der Zielmaschine.

Nachdem mit Hilfe dieser Vorrichtung dem Manne der Begriff des Zielens beigebracht ist, wird ihm das Anschlagen und Zielen ohne solche Hilfe, anfänglich freistehend, später in verschiedenen Körperlagen angewiesen, in Verbindung mit der Anleitung zum richtigen Gebrauche des Visirs für verschiedene Entfernungen.

Hierauf folgt der Unterricht im Abbrücken des Schlosses, nach diesem das Abpuffen von Zündhütchen, sofern diese zur Munition gehören, das Blindfeuern, dann der Unterricht mit Zimmergewehren.

§ 7.
Bewegungen und Bahn der Geschosse, Zielvorrichtungen.

Das entzündete Pulver verwandelt sich, indem es verbrennt, in Gase, welche streben, sich mit großer Schnelligkeit sehr bedeutend auszudehnen, daher gegen jedes Hinderniß dieser Ausdehnung mit außerordentlicher Kraft drücken.

Die Laufwände, der Verschluß des Laufes nach rückwärts und das Geschoß sind solche Hindernisse.

Da nun das Geschoß minder Widerstand leistet, als die Wände und der Verschluß des Laufes, so äußert sich die Wirkung der Gase vorzüglich an dem Geschosse, indem dasselbe in der Richtung der Seelenachse gegen die Mündung gestoßen wird. Die Geschwindigkeit seiner Bewegung wird durch den steten Nachdruck der Gase vermehrt, so daß sie in dem Augenblicke, in welchem das Geschoß den Lauf verläßt (Anfangsgeschwindigkeit), am größten ist.

Das Geschoß, von etwas stärkerem Durchmesser als die Bohrung des Laufes, wird beim Beginne der Vorwärtsbewegung so in den Lauf gezwängt, daß das Blei die Züge ausfüllt, was bei hohlen Geschossen durch den Druck der Gase in die Geschoßhöhlung noch vollständiger erreicht wird.

Das in die Züge gepreßte Blei stemmt sich gegen die Kanten der Felder, wodurch das Geschoß gezwungen wird, während seines Vorrückens im Laufe eine der Windung der Züge entsprechende Drehung (Rotation) um seine lange Achse von links nach rechts anzunehmen.

Würde außerhalb des Laufes keine Kraft auf die vorstehend bezeichneten Bewegungen des Geschosses wirken, so müßte dieses stets in der Richtung der Seelenachse ohne Verminderung seiner Schnelligkeit fliegen (Taf. I Fig. 19), und während dieser Bewegung sich mit derselben Geschwindigkeit, die es beim Austritt aus dem Laufe besaß, um seine Achse drehen. Das Geschoß wird aber in seinem Fluge vorwärts durch den Widerstand der Luft gehemmt, wodurch diese Bewegung stets mehr an Geschwindigkeit verliert. Zugleich zieht die

Schwerkraft daßelbe nach abwärts; es senkt sich dadurch mehr und mehr, und zwar im Verhältniß zu der in jedem Momente eintretenden Verminderung der Schnelligkeit der Vorwärtsbewegung. Die Folge dieser beiden Einwirkungen ist nun, daß die Linie, in welcher das Geschoß fliegt, **Flugbahn** oder **Geschoß= bahn**, eine krumme, und zwar zunehmend mehr gekrümmte Linie wird. Auch die Schnelligkeit der Rotation vermindert sich durch die Reibung, welche das Geschoß bei der Drehung um seine Achse an der Luft zu bestehen hat.

Aus dem Gesagten ist zu entnehmen, daß das Geschoß den Zielpunkt nicht treffen könnte, wenn die Ziellinie gleichlaufend mit der Seelenachse des Laufes wäre; deßhalb wurden die Visireinrichtungen so construirt, daß die **Ziel= linie** (c f) mit der **Seelenachse** (a b) einen **Winkel** (**Visirwinkel**) bildet. Dieß wird dadurch erreicht, daß man die Kerbe, durch welche man beim Zielen sieht, höher über die Seelenachse stellt, als die Spitze des Kornes ist. In Folge dieser Einrichtung durchschneidet die Geschoßbahn die Ziellinie in geringer Ent= fernung von der Mündung (g) und erhebt sich dann zunehmend über diese Linie, bis sie in Folge des stärkern Falles sich derselben wieder nähert und end= lich sie zum zweiten Male in b trifft.

Je weiter nun der Gegenstand, welcher getroffen werden soll, entfernt ist, desto höher muß die Kerbe, durch welche man beim Zielen sieht, über dem Laufe sich befinden und dadurch dieser selbst an der Mündung mehr aufwärts gerichtet werden (**Aufsatz**)*).

Mit der größeren Höhe des Aufsatzes, welche zur Erreichung einer größe= ren Schußweite nothwendig ist, wird auch die Höhe der Geschoßbahn über die Ziellinie vermehrt.

Diese Höhe ist bei jeder Gewehrgattung für jede Entfernung eine be= stimmte, worüber in § 8 die nöthigen Angaben zu finden sind.

Die Berücksichtigung der Höhe der Geschoßbahn findet nicht nur bei Aus= mittlung der Zielpunkte, sondern auch bei der Beurtheilung der Deckung, welche erhöhte Gegenstände gegen die feindlichen Geschosse geben können, praktische An= wendung.

Jeder Schuß, bei welchem der Treffpunkt mit dem Zielpunkte zusammen= fällt, heißt **Visirschuß**.

§ 8.
Zielen.

Zur Erklärung des Begriffes vom Zielen und der Unterweisung im Ge= brauche der Visireinrichtung wird ein Gewehr ohne Bajonet auf die Zielmaschine gelegt und so befestigt, daß die Visirlinie bei gestrichenem Korn den untern Rand des Zielpunktes trifft.

Beim Zielen mit **vollem Korne** ist das ganze Korn in der Visirkerbe sichtbar (Taf. I Fig. 5 a), bei **gestrichenem Korn** schneidet der höchste Punkt des Kornes mit der obern Fläche des Visirs ab (b) und beim Zielen mit **fei= nem Korne** (c) ist nur die Spitze des Kornes in dem unteren Winkel der Visirkerbe sichtbar.

Hierauf läßt der Anweiser jeden Mann einzeln, ungefähr einen Schritt hinter den Kolben des Gewehres treten und ihn mit dem rechten Auge — das

---

*) Dieß kann durch ein in die Zielmaschine gespanntes Gewehr, dessen Visirlinie bei aufgeschlagener Klappe auf einen wagrecht liegenden Gegenstand gerichtet wird, leicht anschaulich gemacht werden.

linke geschlossen — so lange durch den Visireinschnitt über das Korn sehen, bis er den erwähnten Zielpunkt so aufgefunden hat, daß die Spitze des Kornes am untern Theile desselben zu sein scheint.

In Ermangelung einer Zielmaschine müssen die Begriffe des Zielens dem Anfänger in einer andern, seinen geistigen Fähigkeiten entsprechenden Weise beigebracht werden.

Nun werden die Soldaten belehrt, daß die Linie, welche man sich vom Auge des Zielenden durch die Mitte des oberen Randes der Visirkerbe und über die Spitze des Kornes gegen den Zielpunkt gezogen denkt, Ziel- oder Visirlinie heißt, und daß das Streben, das Gewehr gegen den Zielpunkt so zu richten, daß man die benannten drei Punkte mit dem Auge in eine gerade Linie bringt, zielen oder visiren genannt wird.

Sobald sucht man ihnen zu erklären und durch Anschauung der Zeichnung und des eingespannten Gewehrs zu versinnlichen, wie viel sie beim Zielen vom Korne sehen müssen, um mit gestrichenem Korn zu visiren, und macht sie aufmerksam, daß sie höher schießen werden, wenn sie mehr vom Korn sehen und entgegengesetzt tiefer, wenn sie hievon weniger sehen.

Den Leuten ist einzuprägen, daß sie Seitenschuß erhalten werden, wenn sie im Zielen nicht mitten durch die Visirkerbe sehen und zwar, daß der Schuß rechts gehe, wenn sie rechts der Mitte, und links, wenn sie links der Mitte vorüber sehen; ferner, daß beim Zielen das Gewehr so gehalten werden müsse, daß die obere Fläche des Stöckchens wagrecht sei, indem ein Drehen des Gewehres nach links Links- und Kurzschuß, nach rechts Rechts- und Kurzschuß verursacht.

Die Gründe dieser Erscheinungen sollen indessen, besonders beim Vorunterrichte, nur jenen Leuten erklärt werden, welche hinreichendes Verständniß hiefür haben; doch kann der Anweiser z. B. die Folgen des Verdrehens des Laufes auf folgende Art augenfällig machen. Er stellt die Aufsatzklappe des in der Zielmaschine liegenden Gewehres auf und richtet dieses über die Uebersicht nach einem etwas entfernten Punkte, worauf er die Soldaten auf die Lage der Visirlinie und des Laufes aufmerksam macht, dann dreht er das Gewehr in der Zielmaschine stark nach links und richtet es mit dem früher gebrauchten Aufsatze nach demselben Punkte.

Wenn sämmtliche Leute die Richtung nachgesehen haben, wird ihnen gezeigt, daß, obwohl die Visirlinie nach dem angegebenen Punkte gerichtet ist, die Richtung des Laufes doch links davon abweicht, so daß Linksschuß erfolgen muß, ferner, daß der Lauf viel weniger in die Höhe gerichtet ist, als es die treffende Aufsatzklappe bedingt, so daß man außer Linksschuß auch Kurzschuß erhalten müsse.

Um sich zu überzeugen, ob der Begriff des Zielens erfaßt worden ist, richtet der Anweiser das in der Zielmaschine befindliche Gewehr nach und nach auf Zielpunkte von verschiedener Form ein. Bei jedem derselben läßt er die Leute wie früher einzeln hinter das Gewehr treten, den jeweiligen Zielpunkt aufsuchen und angeben. Nach einiger Uebung sollen die betreffenden Leute, nachdem sie den Zielpunkt gefunden, die Gewehre allmählig näher rücken, so daß sie zuletzt lernen, von dem Kolbenanschlage aus nach dem Ziele zu blicken. Hierauf werden jedem einzelnen Manne scharf begrenzte Zielpunkte bezeichnet, auf welche dieser nun selbst das Gewehr einzurichten hat.

Der Anweiser sieht die Richtung nach und verbessert sie nöthigenfalls, oder läßt sie durch einen Mann berichtigen.

Nachdem die Soldaten das Zielen über das Stöckchen hinreichend geübt haben, müssen sie lernen, mit Benützung der Zielmaschine gegen Scheiben oder sonstige Gegenstände, welche sich wo möglich in den für das Scheibenschießen bestimmten größeren Entfernungen befinden, mit Anwendung der entsprechenden Aufsatzklappe zu zielen. Hiebei dienen nachfolgende Zieltafeln als Hilfsmittel.

A. Flugbahn.

Höhe der Geschoßbahn über der Visirlinie für die Entfernungen von 200 bis 1200 Schritten, bei einer Pulverladung von $^{4,25}/_{16}$ Loth.

Entfernung in Schritten zu 30 bayer. Zollen	200	300	400	500	600	700
Erhebung in bayer. Fußen	1	2	4,2	6,7	10,5	15,3

Entfernung in Schritten zu 30 bayer. Zollen	800	900	1000	1100	1200
Erhebung in bayer. Fußen	21,5	29,5	39,5	52,3	67,9

B. Zieltafel für das Gewehr Modell I.

Mit der Visirkerbe	Auf die Entfernung von Schritten	Der Treffpunkt liegt bayerische Fuß über dem Zielpunkte	Der Treffpunkt liegt bayerische Fuß unter dem Zielpunkte	Bemerkungen.
(Stöckchen)	50	0,9	—	In allen Entfernungen bis 300 Schritte auf den Unterleib des Gegners, auf 350 Schritte nach der Brust und auf 500 Schritte nach der Kopfbedeckung.
	100	1,8	—	
	150	1,9	—	
	200	2,0	—	
	250	1,0	—	
	300	Visirschuß	—	
	350	—	1,9	
	400	—	4,0	
(Untere Durchsicht der Klappe)	350	1,6	—	Von 350—450 Schritte nach der Brust, auf 500 Schritte nach der Kopfbedeckung.
	400	Visirschuß	—	
	450	—	2,6	
	500	—	5,5	
(Obere Durchsicht der Klappe)	500	6,0	—	Für 500 u. 550 Schritte vor dem Gegner auf den Boden, für 650 Schritte nach der Kopfbedeckung und auf 700 Schritte 4 Fuß über die Kopfbedeckung.
	550	2,8	—	
	600	Visirschuß	—	
	650	—	3,5	
	700	—	8,5	
(Uebersicht der Klappe)	700	1,0	—	Für 700 u. 750 Schritte einige Fuß vor dem Gegner auf den Boden, für 850 Schritte ungefähr 4 Fuß über die Kopfbedeckung.
	750	4,6	—	
	800	Visirschuß	—	
	850	—	0,5	

Bei den Gewehren Modell II und III gelten für den Gebrauch des Stöckchens dieselben Regeln, welche für das Modell I gegeben sind. Von 400 Schritten anfangend ist dem Schützen die Möglichkeit gegeben, durch Stellung des Schiebers auf oder zwischen die Theilstriche der Klappe für jede Distanz Visirschuß zu erhalten.

Leute, welche das linke Auge nicht ohne das rechte schließen können, — wovon sich schon in den ersten Tagen nach dem Zugang des Rekruten zu überzeugen ist — sollen wo möglich noch vor dem Beginne des Zielunterrichtes durch wiederholte tägliche Versuche dazu gebracht werden.

§ 9.
Allgemeine Bestimmungen für das Anschlagen und Zielen.

Nachdem das Zielen mit Hilfe der Zielmaschine hinreichend eingeübt worden ist, wird das Anschlagen und Zielen ohne Maschine und zwar erst im Stehen mit freiem Arm, als Grundlage für alle Arten des Anschlagens und Zielens, dann mit Auf- und Anlegen, hierauf im Sitzen, Knien und Liegen, sowohl ohne als mit aufgepflanztem Bajonet und in verschiedenen Entfernungen — anfänglich gegen unbewegliche Ziele, schließlich gegen sich bewegende Gegenstände — vorgenommen.

§ 10.
Anschlagen im Stehen mit freiem Arme.

Die für das Anschlagen im Stehen zu beachtenden Regeln sind in den Vorschriften für den Unterricht der Infanterie (Waffenübungen) gegeben.

Beim Zielen nach einem tiefer liegenden Objecte wird der Oberleib etwas vor-, beim Zielen nach einem höher liegenden etwas zurückgenommen.

Bei Einübung des Anschlagens hat der Anweiser mit Rücksicht auf den Körperbau jedes Einzelnen die Befolgung der gegebenen Regeln zu fordern und die Soldaten auf die Nachtheile, welche aus deren Nichtbeachtung entstehen, aufmerksam zu machen.

Dem Manne wird in einer seiner geistigen Auffassung entsprechenden Weise folgendes erklärt:

Der Schütze steht am festesten, wenn der Schwerpunkt in die senkrechte Mittellinie des Körpers fällt, daher jede Neigung nach irgend einer Seite nachtheilig ist. Demnach soll in der Regel die linke Hüfte weder vorgeschoben noch zurückgezogen werden.

Durch eine zu starke Wendung des Körpers nach rechts oder durch zu weites Zurücksetzen des rechten Fußes kommt die rechte Schulter zu viel zurück und in Folge dessen der Kopf zu nahe an den Kolbenhals und an das Visir; dieses erschwert das richtige Zielen, indem hiezu der Kopf zu sehr links gedreht werden muß. Auch kommen beim Feuern in geschlossener Ordnung durch eine solche fehlerhafte Stellung des Körpers die Gewehre des zweiten Gliedes zu viel zurück; ferner werden die Wendungen des Körpers im Schießen nach beweglichen Gegenständen erschwert.

Das zu viele Senken des Kopfes macht das schnelle Zielen schwierig, weßhalb insbesondere von Leuten mit langem Halse, schon beim Beginne des Zielens der Kolben hinreichend zum Kopfe hinaufgeschoben werden muß.

Das Vorschieben der rechten Schulter trägt bei, das Auge hinreichend von der Visirkerbe zu entfernen.

Der Daumen der rechten Hand kann, wenn er über dem Kolbenhalse liegt, sehr mitwirken, das Gewehr festzuhalten, ein Verrücken desselben im Abdrücken zu hindern und dem Rückstoße zu begegnen.

Das Zielen mit freiem linkem Arme endlich ist erforderlich, um schnell in jede Richtung zu schießen und erleichtert auch das Zielen nach in Bewegung befindlichen Gegenständen.

§ 11.
Anschlagen im Stehen mit Anlegen oder Auflegen.

Zum Anlegen kann ein Baumstamm, ein Thür- oder Fensterstock, das Eck einer Mauer u. dgl. dienen.

Um dadurch das ruhige Halten des Gewehres im Zielen zu erlangen, wird, wenn man auf der rechten Seite eines Gegenstandes anlegen kann, der linke Arm, nahe am Handgelenke, nach Umständen bis zum Ellenbogen oder selbst bis zur Schulter an den betreffenden Gegenstand gestützt, wobei man, je nach den Verhältnissen, das Handgelenk steif macht oder biegt.

Muß aber an die linke Seite angelegt werden, so ist die linke Hand auf eine der Form des Gegenstandes entsprechende Weise an diesen zu stützen und wenn thunlich auch der rechte Arm anzulegen.

Zum Unterrichte im Anschlagen mit Auflegen ist sich eines unbeweglichen Objectes von entsprechender Höhe zu bedienen, indem das Auflegen nur dann von Vortheil ist, wenn der Schütze bequem stehen kann und sich weder zu sehr strecken, noch zu stark bücken muß; hauptsächlich sind solche Gegenstände zu wählen, welche sich auch im Kampfe öfter vorfinden. Eines Auflegpflockes soll man sich nur bedienen, wenn nicht ohnehin ein zum Auflegen geeigneter Gegenstand vorhanden ist.

In der Regel ist die linke Hand oder der Arm unmittelbar unter das Gewehr auf den betreffenden, nie aber dasselbe direct auf einen harten Gegenstand zu legen.

§ 12.
Anschlagen im Sitzen, Knien und Liegen.

Das Anschlagen im Sitzen, Knien und Liegen ist vortheilhaft in Fällen, in welchen das Terrain dem Schützen in aufrechter Stellung nicht hinreichend Deckung bietet.

Im Liegen darf nur dann geschossen werden, wenn die Bodenverhältnisse das richtige Zielen in dieser Lage nicht hindern und weder ein schnelles Feuer, noch ein Schießen auf sich bewegende Gegenstände erforderlich ist.

Zum Anschlagen im Sitzen ist die linke Seite so viel gegen das Ziel zu wenden, als zum bequemen Zielen angemessen ist.

Auf ebenem Boden wird das linke Knie erhoben, das rechte Bein bleibt flach, oder mit etwas erhobenem Knie auf dem Boden, oder es wird der untere Theil desselben unter den linken Oberschenkel eingebogen. Der linke Ellbogen wird auf das linke Bein gestützt.

Um die Visirlinie leicht in die geeignete Höhenrichtung zu bringen, kann der linke Vorfuß zurück- oder vorgesetzt, oder die linke Hand zurück- oder vorgeschoben werden.

Hiebei soll dem Manne erklärt werden, daß das Anstützen des linken Armes auf das linke Bein nur Vortheil bringe, wenn das Gesäß nicht oder nur wenig höher ist, als der Absatz des linken Fußes; außerdem aber vorzuziehen sei, mit freiem Arme zu zielen, was auch nothwendig wird, wenn nach sich schnell bewegenden Gegenständen geschossen werden soll.

Beim Anschlagen im Knien ruht das rechte Knie auf dem Boden, während das linke aufgestellt wird. Je nachdem schnell gefeuert, oder über mehr oder minder hohe Gegenstände gezielt werden muß, wird mit freiem Arme gezielt, oder der linke Ellbogen auf das linke Knie gestützt; im letzteren Falle ist der linke Absatz nahe zum rechten Knie zu bringen, wobei die Sohle des linken Fußes nicht tiefer stehen soll, als das rechte Knie, zugleich wird der Oberleib so weit herabgelassen, daß der rechte Oberschenkel auf dem Absatz ruht.

Beim Anschlagen im Liegen legt sich der Mann auf den Bauch und stützt die beiden Ellbogen auf den Boden, wobei die linke Hand unter dem Gewehre bleibt. Der Tornister kann, wenn die Verhältnisse das Abnehmen desselben erlauben, zur Deckung und zum Auflegen benützt werden.

§ 13.
Anschlagen und Zielen nach einem in Bewegung befindlichen Gegenstand.

Die Gegenstände, welche die beweglichen Ziele bilden, als Menschen, Pferde ꝛc. erscheinen einzeln, oder in kleinen oder großen Massen und bewegen sich entweder gegen den Schützen, oder von ihm, oder seitwärts; daher ist dem Manne das Zielen für diese Fälle zu lehren.

Der Unterricht soll jedoch in der nachfolgend bezeichneten Ausdehnung dem Rekruten nicht in kurzer Zeit, sondern nach und nach während einiger Monate ertheilt werden.

Der Vorunterricht für das Zielen nach sich bewegenden Gegenständen ist auf das, was beim Scheibenschießen praktisch geübt wird, zu beschränken.

Gegen einzelne Infanteristen, sowie gegen Infanterie-Abtheilungen, die gerade auf den Schützen zukommen, ist im Bereiche von 300 Schritten, bei dem Gebrauche des Stöckchens, stets nach dem Unterleibe zu zielen. Gegen einzelne Reiter oder Reiterabtheilungen soll, unter denselben Verhältnissen, nach der Brust eines Pferdes gezielt werden. Gegen einzelne Infanteristen, oder Infanterie-Abtheilungen, welche sich von dem Schützen in gerader Richtung entfernen, wird in dem oben bezeichneten Bereiche am zweckmäßigsten nach der Mitte des Körpers, gegen Cavaleristen, unter denselben Verhältnissen, nach dem Oberschenkel der Pferde gezielt.

Soll in größeren Entfernungen als 300 Schritte nach Infanterie-, Cavalerie- und Artillerie-Abtheilungen, welche sich in vorstehend bezeichneten Richtungen bewegen, geschossen werden, so muß der Zielpunkt, mit Rücksicht auf die Schnelligkeit der Bewegung, bei der Annäherung tiefer, bei der Entfernung höher gewählt werden.

Gegen einzelne Menschen oder Pferde, welche sich innerhalb 60 Schritten in seitwärtiger Richtung zum Schützen im Schritte bewegen, genügt es, auf den vordern Theil des Körpers zu zielen und deren Bewegung mit dem Gewehre bis zur geschehenen Entladung zu folgen; ist aber der Gegenstand weiter entfernt, oder bewegt er sich rascher, so muß der Schütze nicht nur, wie man zu sagen pflegt, mitfahren, sondern auch im Augenblicke des Schusses, je nach der größeren Entfernung und der Schnelligkeit der Bewegung mehr oder minder vorhalten, wobei er tief zielen soll, da in der Eile das Korn häufig zu voll genommen wird.

Sollen im Flankenmarsche befindliche Colonnen beschossen werden, so ist stets nach der Spitze derselben zu visiren.

Um fahrende Geschütze von der Seite zu beschießen, ist auf die vordern Pferde zu zielen.

Ist die Front einer vorrückenden geschlossenen Linie oder Colonne in schiefer Richtung zu beschießen, so soll, je nach der Frontlänge, der Entfernung und der Geschwindigkeit der Bewegung dieser Abtheilung, nach der Mitte oder dem von den Schützen entferntern Flügel gezielt werden, um noch die vordern Leute oder Pferde zu treffen.

Um die obigen Regeln für das Zielen nach in Bewegung begriffenen Gegenständen dem Gedächtnisse des Mannes einzuprägen, sollen diese, insoweit es ausführbar ist, ihm in geeigneter Entfernung und entsprechender Bewegung vor Augen gebracht werden, indem sich durch theoretisches Auswendiglernen der Zweck nicht erreichen läßt.

§ 14.
Zielen mit Abdrücken des Hahnes.

Nach hinreichender Uebung im Zielen allein wird zum Unterrichte im Abdrücken des Hahnes geschritten*).

Diese Funktion des Schützen ist wichtig — die meisten Fehlschüsse sind Folge eines unrichtigen Abdrückens — und nicht ohne Schwierigkeit, indem sie nicht nur in dem Augenblicke, wo die Visirlinie gegen den Zielpunkt steht, begonnen, sondern auch mit steter Festhaltung des Zieles vollzogen werden muß.

Der Unterricht beginnt mit dem Anschlagen im Stehen und in der Regel mit freiem Arme und wird erst nach gründlicher Uebung zum Anschlagen in den verschiedenen vorbezeichneten Körperlagen geschritten.

Wo es nöthig erscheint, kann der Unterricht auch mit Auflegen des Gewehres beginnen, soll aber nur so lange in dieser Art fortgesetzt werden, bis die Vortheile zum ruhigen Halten der Waffe erlangt sind. Zu dieser mit jedem Manne einzeln vorzunehmenden Uebung, werden dem Abdrücken, werden dem Rekruten anfangs 50 bis 100 Schritte, dann entferntere unbewegliche Ziele bezeichnet.

Nachdem die Visirlinie des angeschlagenen Gewehres gerichtet ist, hat der Zeigefinger, welcher bereits am Abzuge liegt, auf diesen allmählig und mit zunehmender Kraft zu drücken, bis der Hahn vorschlägt. Dieses Verfahren ist besonders zu beachten, indem zu rasches, oder reißendes Abdrücken das Gewehr verrückt, auch das Mucken herbeigeführt wird; zaghaftes Abdrücken aber läßt sich mit dem im Kampfe nöthigen flüchtigen Schießen nicht vereinbaren. Während dieses Abziehens muß der Schütze ununterbrochen nach dem Zielpunkte visiren und das Gewehr, unter Anhalten des Athems, in der Ziellinie zu erhalten streben, wobei er suchen soll, zu erkennen, nach welchem Punkte des zu treffenden Gegenstandes er, in dem Augenblicke, als der Schuß

---
*) Zum Schutze des Zündkegels und der Schlagfläche des Hahnes sind stets gebrauchte Zündhütchen aufzusetzen.

abging, visirt hat. Durch Letzteres wird er vorbereitet, beim Schießen durch das Feuer zu blicken und anzugeben, wo der Schuß steckt.

Zur Ueberwachung des Verhaltens des Rekruten beim Anschlagen, Zielen und Abdrücken wird sich der Anweiser zweckmäßig zwei bis vier Schritte rechts stellen, so daß er dessen Körperhaltung überhaupt, insbesondere die Bewegung der Augen und des Zeigfingers der rechten Hand gut beobachten könne. Namentlich wird er auch darauf sehen, daß das rechte Auge des Schützen soweit offen bleibe, als es die Beschaffenheit desselben erlaubt und gegen das meistens durch Feuerscheu veranlaßte theilweise Schließen der Augenlider oder Zittern der Augenwimpern wirken.

In solchen Fällen, sowie wenn der Anweiser andere Fehler oder Ermüdung des Zielenden bemerkt, soll er das Commando zum Absetzen geben, die nöthigen Belehrungen ertheilen und erst, nachdem die entsprechende Ruhe wieder erlangt ist, nochmals anschlagen lassen.

Während der Schütze im Anschlage ist, hat sich der Anweiser der Belehrungen zu enthalten.

Hat der Mann gelernt, im Anschlage mit freien Armen sicher und ruhig zu zielen und abzudrücken, so wird ihm gelehrt, beides möglichst schnell zu vollziehen. Hiezu ist viel Uebung nothwendig, welche so lange fortgesetzt werden soll, bis der Mann den Vortheil erlangt hat, den Zeigefinger während des Zielens gerade so fest an den Abzug zu legen, daß zum Losschlagen des Hahnes nur mehr eine geringe Verstärkung des Druckes nothwendig ist.

Schließlich wird das Abbrücken beim Zielen nach sich bewegenden Gegenständen angewiesen und geübt, wozu laufende Scheiben, die sich anfangs langsam, dann schneller bewegen, benützt werden.

§ 15.
Verpuffen von Zündhütchen, dann Laden und Feuern mit blinden Patronen.

Den vorstehend angeführten Unterrichts=Zweigen folgt, unter persönlicher Leitung von Offizieren, der Vorunterricht durch Verpuffen von Zündhütchen, insoferne solche noch zur Munition gehören, dann im Laden und Feuern mit blinden Patronen und wird dieser Unterricht so lange fortgesetzt, bis der Rekrut das Laden im Stehen und in den verschiedenen Körperlagen erlernt und die Feuerscheu verloren hat*).

Hiebei soll sich der im vorigen § bezeichneten Ziele bedient werden, da es Regel sein muß, daß das Gewehr nie abzuschießen, ohne nach einem Gegenstande zu zielen.

Der Abrichter benimmt sich nach den gegebenen Directiven und wird mit Eifer gegen Feuerscheu wirken. Er wird den Rekruten von der Grundlosigkeit seiner Furcht zu überzeugen suchen und anhalten, mit festem Willen Visir, Korn und Zielpunkt mit dem rechten Auge in dem Momente zu sehen, in welchem das Zündhütchen verpufft, oder bei geladenen Gewehren das Feuer aus der Mündung fährt.

Später, jedoch vor dem Scharfschießen nach Kommando, soll auch das Einzelnfeuer und das Feuer kleiner Abtheilungen auf Kommando mit blinden Patronen angewiesen werden.

---

*) Vor dem Beginne dieser Uebungen sind die Gewehre bezüglich ihrer Tauglichkeit und der richtigen Zusammensetzung genau zu untersuchen.

§ 16.
Schießen mit Zimmergewehren.

Wenn schon das Schießen mit Zimmergewehren vorzugsweise zum Vorunterrichte gehört, soll dasselbe doch auch neben den Schießübungen des Lehrkurses mit den Kriegswaffen und zur Uebung und Fortbildung der Leute des Uebungskurses betrieben werden.

Für die Rekruten hat der Unterricht mit Zimmergewehren, wenn nicht früher, doch unmittelbar nach dem Abpuffen und Feuern mit blinden Patronen zu beginnen.

Mit den Zimmergewehren ist nur mit freiem Arme und soviel es bei der Verschiedenheit der Verhältnisse anwendbar ist, wie mit den Kriegswaffen zu schießen.

Die geringste **Entfernung** hiefür ist 10, die größte 30 Schritte.

Obwohl die Uebungen mit Zimmergewehren wo thunlich besser im Freien vorgenommen werden, da die Visire in den Zimmern und Gängen oftmals einseitig und anders als im Freien beleuchtet werden, so bleibt zu berücksichtigen, daß starker Luftzug beim Schießen in großen Entfernungen leichte Geschosse mehr als schwere aus ihrer normalen Flugbahn bringt.

Zu den Schießübungen mit den Zimmergewehren besteht die **Gebühr** für einen präsenten Offizier, dann für jeden präsenten und an den Schießübungen theilnehmenden Unteroffizier und Soldaten in jährlich 100 Zündhütchen.

Zum **Laden** des Zimmergewehres wird der Hahn gespannt, worauf die linke Hand mit Hilfe der rechten den Kolben des Gewehres zwischen die Vorfüße stellt, so daß der Lauf nach vorwärts, die Mündung einen halben Fuß vor die Mitte des Körpers kommt, an welchem der linke Arm angelegt wird.

Die rechte Hand legt das Geschoß so auf die Mündung, daß der Theil, an welchem der Anguß war, aufwärts kommt und drückt selbes mittelst des Ladstockgriffes in den Lauf, bis es nicht mehr über die Mündung hervorragt. Hierauf wird dasselbe durch den in der Verlängerung der Bohrung des Laufes gehaltenen Ladstock mit einem nicht zu raschen Drucke bis zu dem Zündkegel geschoben, der Ladstock ungefähr um die Hälfte seiner Länge erhoben und mäßig ohne jeden weitern Stoß auf die Kugel gedrückt.

Das Zündhütchen wird mittelst des Zündhütchen-Halters fest auf den Zündkegel gesetzt.

Nach jedem, oder mindestens zwei Schüssen soll der Lauf gewischt werden. Vor dem Wischen ist der Hahn zu spannen und das gebrauchte Zündhütchen zu beseitigen.

Das Wischen selbst geschieht, indem ein etwas geölter Fleck von dünnem, nicht steifem, aber festem und wenig faserigen Zeuge in viereckiger Form unter den Wischer gelegt oder um ihn gewickelt wird.

Durch zu starkes Oelen würde die Kraftäußerung des Knallpulvers gemindert oder ganz aufgehoben, insbesondere, wenn der Fleck um den Wischer gewickelt wird, indem die untere Spitze desselben in die Bohrung des Zündkegels bringt.

Nach vier- oder fünfmaligem Gebrauche ist der Wischfleck zu wenden und nach eben so oftem Gebrauch auszuwechseln.

Das Laden und Wischen soll durch Unteroffiziere oder geübtere Leute geschehen.

III. Scharfschießen mit den Kriegswaffen.

§ 17.
Allgemeine Vorschriften und Regeln.

Im Lehrkurse werden Unteroffiziere und Soldaten zur ersten Hälfte der Einzelnschüsse ohne Kommando, ohne Tornister, zu allen andern Uebungen und im Uebungskurse mit Tornistern ausrücken und so schießen.

Die Abtheilungen sollen auf dem Platze beim Einzelnschießen im Lehrkurse nicht über 12, im Uebungskurse nicht über 18 Mann stark sein; letztere Stärke soll auch beim Schießen in geschlossener Abtheilung, welche entweder aus Leuten des Lehr- oder des Uebungskurses, aber nie aus beiden zusammengesetzt sein darf, nicht überschritten werden.

Von einem Manne sollen an einem Tage bei den Infanterie-Regimentern nicht über 20, bei den Jäger-Bataillonen nicht über 30 Schüsse gemacht werden.

Vor jeder Schießübung ist die Fahne auf der Krone des Kugelfanges aufzupflanzen und den auf dem Gelände hinter dem Kugelfange oder nächst desselben Arbeitenden vor Beginn des Schießens zu signalisiren.

Erst nach einiger Zeit, wenn die Leute sich entfernen konnten, werden von dem die Oberaufsicht führenden Offiziere die Schießstände den Abtheilungen zugewiesen.

Die Abtheilungen stellen sich an ihrem Schießstande so auf, daß sämmtliche Schützen die Belehrungen des Anweisers hören können.

Sind von zwei oder mehreren Abtheilungen verschiedene Distanzen gleichzeitig zu nehmen, so darf der Abstand der vom Kugelfang entfernteren Abtheilung von der demselben zunächst stehenden nicht mehr als das sechsfache des Zwischenraumes der von ihnen beschossen werdenden Scheiben betragen und sind die Abtheilungen nach diesen Entfernungen in Staffeln aufzustellen.

Wenn zwei oder mehrere Abtheilungen gleichzeitig auf einem Platze schießen, auf welchem die Zieler zum Aufzeigen der Schüsse außerhalb des Zielerstandes treten müssen, und wenn die Zwischenräume der Scheiben unter sich weniger als den dritten Theil der Entfernung des Schützen von den Scheiben betragen, sind folgende Vorsichtsmaßregeln zu beobachten:

Das Zeichen zum wirklichen Beginne der Uebung wird auf Befehl des die Oberaufsicht führenden Offiziers durch einen Signalisten gegeben.

Nachdem von allen Abtheilungen der Schuß gefallen ist, erfolgt das Signal „Aufhören zu feuern", worauf sämmtliche Zieler zu ihren Verrichtungen an die Scheiben treten.

Das Signal „L'Achtung" zur Abgabe des nächsten Schusses erfolgt dann, wenn sämmtliche Zieler aller Scheiben sich wieder hinter die Zielerstände begeben haben. Der Signalist ist so aufzustellen, daß er alle beschossenen Scheiben übersehen kann und von einem eigens bestimmten Unteroffizier stets zu überwachen, der ihm jedesmal den Befehl zur Abgabe des entsprechenden Signales gibt.

Sollten sich auf einem Schießplatze zwei oder mehrere Kugelfänge und zwar in so großen Zwischenräumen befinden, daß deren gleichzeitige Benützung gefahrlos wäre, auch wenn die betreffenden Abtheilungen nicht aufeinander warten, so müssen die vorgeschriebenen Signale für jeden Kugelfang durch ein anderes Signal-Instrument (Horn oder Trommel) oder, wenn nicht ausführbar, verschiedene Signale gegeben werden.

Kein geladenes Gewehr soll während der Uebungen aus der Hand gestellt werden.

Wird an einem geladenen Gewehre irgend eine Detail-Besichtigung oder Nachhilfe nöthig, so ist das Zündhütchen abzunehmen.

Die Zieltafeln geben die Anhaltspunkte zum Stellen der Aufsatzklappen, wie zum Anvisiren des Zielobjektes für die verschiedenen Entfernungen.

Da eine kleine Nachlässigkeit bei dem Aufschlagen der Klappe Tiefschuß veranlaßt, so ist der richtigen Stellung der Klappe entsprechende Aufmerksamkeit zuzuwenden.

In der Regel wird mit gestrichenem Korne, welches sich am leichtesten bei allen Schüssen gleichmäßig fassen läßt, gezielt.

Bezüglich der atmosphärischen Einflüsse gelten folgende Regeln:

Weht der Wind von der Seite gegen die Schußrichtung, so drückt er das Geschoß nach der Seite, wohin er zieht.

Es ist daher gegen den Wind und zwar nach Maßgabe der Entfernung und der Stärke desselben auszuhalten; das Maß hiefür hat der Anweiser dem noch unerfahrenen Schützen anzugeben.

Die Wirkung des Windes ist je nach der Beschaffenheit des Geschosses und der Anfangsgeschwindigkeit des letztern verschieden, doch darf man annehmen, daß der Einfluß eines mäßigen Windes bis auf 200 Schritte gering bleibt.

Der von vorne gegen den Schützen kommende Wind verursacht etwas Tiefschuß; der in entgegengesetzter Richtung wehende etwas Hochschuß; doch wird, beides erst auf großen Entfernungen bemerkbar.

Bei Sonnenschein ist der Schütze geneigt, das größer erscheinende Korn feiner zu nehmen, wodurch er Tiefschuß erhält; daher er etwas höher zielen oder das Korn etwas voller nehmen muß.

Bei sehr trüber Beleuchtung, oder Dämmerlicht, nimmt man das schwer zu unterscheidende Korn unwillkürlich voller, erhält somit Hochschuß und muß deßhalb tiefer zielen.

Diese letztgenannten Wirkungen sind selbstverständlich, je nach der Beschaffenheit des Sehvermögens des Schützen verschieden.

Wird das Korn auf einer Seite grell beleuchtet, so verschwimmt der beschattete Theil desselben und man schießt, indem nur der beleuchtete Theil in die Visirlinie gezogen wird, auf die der Beleuchtung entgegengesetzte Seite, weßwegen nach der beleuchteten auszuhalten ist.

Mit diesen Einflüssen ist der junge Schütze nur nach und nach und erst unmittelbar, wenn die Verhältnisse wirklich eintreten, bekannt zu machen.

Im Allgemeinen soll übrigens der Mann mit dem Korrigiren seiner Schüsse behutsam zu Werke gehen, insbesondere, wenn er nicht schon ein sicherer Schütze ist.

Zu berücksichtigen bleibt ferner die Beschaffenheit der Strecke, welche das Geschoß zu durchfliegen hat; so können Baumäste, Zweige u. s. w., welche in der Flugbahn liegen, bedeutende Abweichungen veranlassen.

§ 18.
Gebühr an Munition.

Die Munitionsgebühr für die zur Rückladung abgeänderten Gewehre vom Muster 1858 ist folgende:

a) Im Lehrkurse gebühren für die Offiziere, wie für Unteroffiziere und Soldaten jährlich per Mann bei den Infanterie-Regimentern 150, bei den Jäger-Bataillonen 300 scharfe Patronen, wovon zum Feuern nach Kommando in geschlossener Abtheilung 12 Stück, zum Schießen nach der laufenden Scheibe aber in der Regel bei der Infanterie 18, bei den Jäger-Bataillonen 30 zu verwenden sind.

Zum Vorunterricht gebühren für jeden Mann in einem Jahre 50 blinde Patronen und 20 Zündhütchen.

b) Im Uebungskurse dürfen für jeden betheiligten jährlich bei den Infanterie-Regimentern 120, bei den Jäger-Bataillonen 200 scharfe Patronen verrechnet werden.

Zum Feuern nach Kommando in geschlossenen Abtheilungen und nach der laufenden Scheibe gelten dieselben Vorschriften, welche in dieser Beziehung für den Lehrkurs gegeben sind.

Zu allenfalls nothwendig werdenden Vorübungen sind für den Mann in einem Jahre 50 Zündhütchen und 20 blinde Patronen festgesetzt.

Für Versager verbrauchte Zündhütchen werden in der Schußliste ausgewiesen.

c) Zu Inspektions-, Prüfungs- und Preisschießen, für Probeschüsse der Schießlehrer und zu allenfallsigem Einschießen der Gewehre nach vorgenommenen Reparaturen dürfen für jedes Bataillon jährlich 2500 scharfe Patronen verwendet werden.

§ 19.
Allgemeine Bestimmungen für den Unterricht des Lehrkurses.

Sämmtliche Offiziere, Unteroffiziere und Soldaten des Lehrkurses haben je nach der Bewaffnung ihrer Abtheilung die Uebungen mit dem Gewehr-Modelle zu beginnen, und entsprechend lange Zeit fortzusetzen, mit die Mehrzahl ihrer Untergebenen ausgerüstet ist.

Im Lehrkurse haben, wenn nicht lokale oder sonstige Hindernisse eintreten, die Unterrichtsgegenstände in nachbezeichneter Ordnung einander zu folgen:

a) das Einzelnschießen nach stehender Scheibe ohne Kommando in den Entfernungen bis 600 Schritten;
b) das Einzelnschießen nach Kommando;
c) das Feuern in Abtheilungen in geschlossener Ordnung;
d) die Uebungen nach der laufenden Scheibe und
e) das Einzelnschießen auf größere Entfernungen.

Leuten, welche auf dem linken Auge bedeutend besser sehen, als auf dem rechten, kann erlaubt werden, beim Schießen ohne Kommando links anzuschlagen. Auch darf Kurzsichtigen gestattet werden, sich zum Schießen der Augengläser zu bedienen.

§ 20.
Laden mit scharfen Patronen.

Wenn auch, wie in § 15 bestimmt ist, zur Beschleunigung des Unterrichts im Laden mit scharfen Patronen eine Anweisung zum Laden mit blinder Munition vorausgehen soll, so können doch die Vortheile in der Handhabung der scharfen Patrone schließlich nur mit diesen erlangt werden; daher dem richtigen Laden, womit später die Schnelligkeit zu verbinden ist, bei den Schießübungen stets große Aufmerksamkeit zugewendet werden muß.

Hiebei ist zu berücksichtigen, daß eine Vermehrung der Schnelligkeit im Laden nicht mehr entsprechende Vortheile bringt, wenn sie nur auf Kosten der Feuersicherheit oder der Trefffähigkeit der Waffe erlangt werden kann.

Zuerst soll das Laden im Stehen und dann entsprechend dem Vorschreiten im Schießunterrichte in anderen Körperlagen erlernt werden.

Zum Laden im Sitzen läßt sich der Ladende auf den Boden nieder, wie es in § 12 dieser Vorschriften angegeben ist.

Das Gewehr wird, nachdem es der Körperlage entsprechend in die linke Hand gebracht und von dieser wie bei dem Laden im Stehen ergriffen worden ist, auf dem linken Oberschenkel gestützt und sodann wie im Stehen geladen.

Zum Laden im Knien läßt sich der Ladende, nachdem der rechte Fuß den Verhältnissen entsprechend zurückgetreten, so auf das rechte Knie nieder, daß dieses einige Zolle vom linken Absatze entfernt ist, worauf die Ladung so, wie für das Laden im Sitzen vorgeschrieben, vollzogen wird.

Zum Laden im Liegen wendet sich der Mann soweit nach links, daß er auf der linken Hüfte ruht und der Oberkörper sich auf den linken Arm stützt; die linke Hand hält das Gewehr so, daß nicht nur der Vorderschaft, sondern, wenn thunlich auch die Kolbenspitze aufliegen. Sodann wird das Gewehr ähnlich wie im Knien geladen.

§ 21.
Einzelnschießen des Lehrkurses ohne Kommando nach stehenden Scheiben.

Das Einzelnschießen ohne Kommando nach stehenden Scheiben bildet die Grundlage der weiteren Uebungen.

Die Offiziere sind auf alle vorgeschriebenen Entfernungen, je nach der Waffe, bis 900 oder 1000 Schritte auszubilden, insoferne ihre Sehkraft, wenn auch mit Hilfe von Augengläsern, ausreicht.

Jeder Unteroffizier oder Soldat muß bei hinreichender Sehkraft mindestens in die Entfernungen bis einschließend 600 Schritte, bei den Jäger-Bataillonen bis 800 Schritte in einer dem Kriegszweck entsprechenden Art geübt werden.

Die besseren Schützen sollen sich, wenn die Visireinrichtungen es zulassen, und es sonst möglich auch auf größere Entfernungen üben.

Die Offiziere im Lehrkurse werden, soweit es angemessen, die Anweisung im Einzelnschießen nach den für den Unterricht der Unteroffiziere und Soldaten gegebenen Bestimmungen erhalten, wodurch sie sich die den Vorschriften entsprechende Unterrichtsart schneller aneignen.

Aus den Unteroffizieren und Soldaten werden kleine Abtheilungen gebildet, in welche thunlichst Leute von gleichen Fähigkeiten zusammenzustellen sind.

Während eine Abtheilung schießt, ruhen die andern oder werden im Anschlagen und Zielen geübt.

Vor dem Beginne des Schießens laden die Leute der Abtheilungen einzeln und unter Aufsicht die Gewehre.

Beim Schießen im Stehen treten die Soldaten in ihrer Reihenfolge mit Gewehr beim Fuß an den Stand, worauf sie sich nach erhaltenem Befehle fertig machen, anschlagen und feuern.

Wenn eine Klappe aufzuschlagen ist, geschieht dieses sogleich nach dem Fertigmachen.

Nach abgegebenem Schusse tritt der Mann einen Schritt links, erwartet auf der Stelle, das Gewehr beim Fuß, das Aufzeigen seines Schusses und tritt dann in das Glied zurück, um zu laden. Der nachfolgende Schütze besetzt den verlassenen Schießstand unverzüglich nach dem Schusse seines Vorgängers.

Der aufgezeigte Schuß wird durch den die Schußliste führenden Unteroffizier sogleich eingetragen. Der mit dem praktischen Unterrichte beschäftigte Offizier soll sich nur soviel mit der Controle der Liste befassen, als dieses ohne Nachtheil für den Unterricht selbst geschehen kann.

Der den Unterricht ertheilende Offizier wird in der Regel zur rechten Seite des Schießenden stehen, diesen aufmerksam beobachten und nach den gegebenen Bestimmungen verfahren.

Wenn ein Mann sich feuerscheu zeigt, soll er sogleich vom Schießstande entfernt und einzeln mit blinden Patronen geübt werden.

Das Schießen beginnt auf 100 Schritte, welche Entfernung dann von hundert zu hundert Schritten gesteigert wird.

Der Anweiser muß beurtheilen, wann die Abtheilung oder der einzelne Schütze auf größere Distanzen übergehen soll, um mit der zu Gebot stehenden Munition den gestellten Forderungen zu entsprechen.

Sehr rasches Fortschreiten ist selten zweckmäßig.

Wenn die Leute ziemliche Sicherheit im Schießen erlangt haben, sind sie anzuhalten, nach jedem Schusse vor dem Aufzeigen desselben den Schuß anzusagen, d. h. anzugeben, wohin das Geschoß getroffen hat.

Das richtige Ansagen des Schusses ist Kennzeichen eines guten Schützen.

Hat der Mann genügende Fortschritte gemacht stehend zu feuern, so wird ihm auch gelehrt, auf verschiedene Distanzen, in der Regel nicht unter 300 Schritten, sitzend, knieend und liegend zu schießen und zu laden, worüber in den §§ 12 und 20 Näheres enthalten ist.

Zu diesen Uebungen haben zwei oder drei Mann in geringer Entfernung nebeneinander die entsprechenden Körperlagen anzunehmen. Nachdem der erste geschossen hat und der Schuß aufgezeigt ist, ladet er sein Gewehr in der angenommenen Körperlage und tritt erst nach vollendeter Ladung in die Abtheilung. Der zweite Mann und die folgenden verfahren auf gleiche Weise.

Ein frei gewordener Platz wird sogleich von einem andern Mann besetzt.

Der Lehrer wird die Verwendung der Munition mit Beachtung der hiefür gegebenen Vorschriften dem Zwecke des Unterrichts entsprechend und mit Rücksicht auf die Individualität des Schützen regeln.

§ 22.
Einzelnschießen des Lehrkurses nach Kommando.

Sämmtliche Offiziere, Unteroffiziere und Soldaten des Lehrkurses sind im Einzelnschießen nach Kommando in der Regel in den Entfernungen von 100 bis einschließlich 600 Schritten, mindestens aber bis 500 Schritte mit analoger Anwendung der für das Einzelnschießen ohne Kommando gegebenen Bestimmungen zu unterrichten.

Dieser Unterricht soll eine Vorbereitung zum Feuern geschlossener Abtheilungen sein, und zwar sowohl für die Soldaten, welche feuern sollen, als für die Offiziere und Unteroffiziere, welche sie hiezu kommandiren müssen. Ferner soll er dienen, die Leute an schnelles Zielen zu gewöhnen.

Die Leute werden zuerst für die Funktionen im ersten Gliede, dann für die im zweiten Gliede unterrichtet, wobei zu beachten bleibt, daß mit der Büchse in zweiter Front nicht gefeuert wird.

In den Entfernungen bis einschließend 300 Schritten wird in der Regel mit aufgepflanztem Bajonete geschossen.

Die Gewehre werden unmittelbar nach abgegebenem Schusse auf dem Schießstande schnell geladen.

Die Kommandos zum Fertigmachen, zum Anschlagen und Feuern gibt der Unterricht ertheilende Offizier; von 300 Schritten angefangen bezeichnet er die Entfernung jedesmal vor Abgabe des ersten Kommandos.

Bei den zur Rückladung abgeänderten Gewehren vom Muster 1858 ist bis zur Entfernung von 400 Schritten die Klappe nicht aufzuschlagen, sondern das Stöckchen zu gebrauchen, wobei auf 400 Schritte nach der Kopfbedeckung des Gegners gezielt wird.

Der Soldat soll auch hier erst in dem Augenblicke, in welchem sein Gewehr auf den Zielpunkt gerichtet ist, abziehen; doch muß er durch Uebung dahin gelangen, dieses längstens in einer Sekunde nach dem Kommando ausführen zu können.

Mit allem Ernste ist gegen jedes Vorfeuern zu wirken.

Die richtige Betonung und rechtzeitige Abgabe des Kommandowortes „Feuer" ist hiebei von Wichtigkeit und soll die Pause zwischen dem Kommando zum Anschlagen und dem zum Feuern zwar hinreichend lang sein, daß man gut zielen könne, doch auch nicht länger dauern als nothwendig.

Das Kommandowort ist weder schreiend noch kurz abgestoßen, sondern im Tone der gewöhnlichen Sprache, ohne Dehnung, jedoch hinreichend laut zu geben.

Zum Unterrichte im Feuern aus dem zweiten Gliede ist das erste Glied durch zwei Mann zu bilden, welche die Tornister auf und die Gewehre nicht geladen haben.

Der Soldat, welcher schießen muß, wird hinter den links stehenden Mann gestellt und rückt erst auf das Kommando „Fertig'—s Gewehr!" vorschriftsmäßig aus. Die Leute des Vordergliedes schlagen je nach dem Kommando mit an oder bleiben mit „Fertig" stehen.

Der Anweiser wird nicht feuern, sondern absetzen lassen, wenn das Anschlagen und Zielen nicht entsprechend geschehen ist.

§ 23.
Schießen des Lehrkurses nach der beweglichen Scheibe.

Durch die Uebungen nach der beweglichen Scheibe soll nicht nur gelernt werden, Menschen oder Pferde, welche in Bewegung sind, zu treffen, sondern überhaupt die Leute zu gewöhnen, bei richtigem Zielen den Schuß rasch abzugeben, was nothwendig ist, um den Vortheil eines schnell zu ladenden Gewehres taktisch zu benützen.

Um in dieser Art zu schießen entsprechende Resultate zu erlangen, ist ein sehr systematischer Unterricht nothwendig. Daher sollen unmittelbar vor dem Beginne des Unterrichts im Scharfschießen nach der beweglichen Scheibe die Leute einen wiederholten **Vorunterricht im Zielen und Abbrücken** erhalten, und dieser in folgender Weise betrieben werden.

Einige Leute werden in der Entfernung von 100 Schritten von der Scheibe aufgestellt. Sie haben unter den weißen Zielpunkt der laufenden Scheibe zu zielen, wobei sie stets dessen Bewegung mit dem Gewehre folgen. Die Gewehre sind hiezu nicht geladen, die Bajonete aufgepflanzt und gebrauchte Zündhütchen aufgesetzt.

Anfangs soll nur visirt, dann aber auch das Schloß in dem Augenblicke, in welchem die Visirlinie den geeigneten Punkt trifft, abgebrückt und schließlich diese Vorübung mit blinden Patronen ausgeführt werden.

Bei dem Beginne dieser Uebungen können die Soldaten einigemale anschlagen, ehe der Rollwagen im Gange ist; später aber haben sie mit Gewehr fertig zu warten, bis die Scheibe sichtbar wird, dann sogleich anzuschlagen, im Zielen mitzufahren und zu feuern, ehe die Scheibe wieder hinter der Deckung verschwindet. Zu diesen Uebungen, sowie zum Schießen mit scharfen Patronen soll die Scheibe abwechselnd von links nach rechts oder in entgegengesetzter Richtung laufen.

Erst nachdem man sich überzeugt hat, daß die Leute im Zielen und Abbrücken die nöthige Gewandtheit erlangt haben, darf zum **Scharfschießen** übergegangen werden. Dieses findet in den Entfernungen von 60 und 100 Schritten, mit sehr guten Schützen ausnahmsweise auch auf 200 Schritte mit aufgepflanztem Bajonete und nur einzeln statt.

Das Signal oder Kommando zum Loslassen des Rollwagens erfolgt in dem Augenblicke, als der Schütze sich „Fertig" gemacht hat und soll dieser nicht früher anschlagen, als bis er die Scheibe erblickt.

Würde der Mann nicht zum Schusse kommen, bevor die Scheibe verschwindet, so ist diese bei dem Schießen auf 60 Schritte wiederholt vorzuführen, auf 100 Schritte aber wird ein solches Durchlassen der Scheibe als Fehler in die Schußliste eingetragen.

§ 24.
Schießen des Lehrkurses in Abtheilungen.

Das Schießen in Abtheilungen findet nach Kommando in der **geschlossenen Gefechtsordnung** gegen die Scheibe IV statt.

Hiezu sind thunlichst Leute von gleicher Fertigkeit zusammenzustellen.

Dieses Feuern wird von 100 bis zu 600 Schritten Entfernung sowohl mit jedem einzelnen Gliede, als mit beiden Gliedern gleichzeitig, und wenn hinlänglich Patronen vorhanden sind, auch in Entfernungen bis zu 300 Schritten nach Seitenrichtungen geübt, wobei die Vorschriften für den Unterricht in den Waffenübungen Theil I und die in § 22 gegebenen Bestimmungen in Anwendung kommen.

Jeder Rotte ist die Scheibe, nach welcher sie zu schießen hat, zu bezeichnen, und finden hier die in § 8 gegebenen Zielregeln Anwendung; auch soll unverzüglich nach abgegebenem Schusse schnell geladen werden.

Der Anweiser hat das richtige Anschlagen und Zielen und insbesondere das hinreichend weite Vortreten des zweiten Gliedes fortwährend in's Auge zu fassen und so oft absetzen zu lassen, als er hierin noch Fehler bemerkt.

Die Rottenzahl, Summe der Schüsse, sowie die Zahl der Treffer werden in der Liste eingetragen.

Nach jeder Salve sind die Scheibentreffer aufzuzeigen, auch öfters die Abtheilungen an die Scheibe zu führen, um von der Wirkung ihres Feuers sich selbst zu überzeugen.

§ 25.
Uebungskurs.

Die für das Scharfschießen im Allgemeinen und insbesondere für den Lehrkurs gegebenen Vorschriften gelten im Wesentlichen auch für den Uebungskurs, dessen Bestimmung ist, die Leute nicht nur in der im Lehrkurse erlangten Sicherheit und Fertigkeit im Scharfschießen zu erhalten, sondern auch sie hierin noch weiter auszubilden.

Die unter § 23 angeführten Vorübungen nach der beweglichen Scheibe sollen jährlich wiederholt werden, insoferne man nicht die volle Ueberzeugung hat, daß die Schützen derselben nicht mehr bedürfen.

IV. Auszeichnungen und Belohnungen für gutes Schießen.

§ 26.
Allgemeine Bestimmungen.

Um die Neigung der Infanterie zur Ausbildung im Gebrauche der Feuerwaffen zu steigern, werden Preisschießen abgehalten, die Unteroffiziere und Soldaten in Schützenklassen getheilt und für die besten Schützen noch besondere Auszeichnungen bestimmt.

§ 27.
Preisschießen der Offiziere.

Bezüglich des Preisschießens der Offiziere werden seiner Zeit Bestimmungen erfolgen.

§ 28.
Preisschießen der Unteroffiziere und Soldaten.

Während der Herbst-Waffenübungen findet ein Preisschießen der Unteroffiziere und Soldaten mit angemessener militärischer Feier statt.

Die Abtheilungen erhalten zur Bestreitung der hierdurch erwachsenen Kosten ein jährlich bestimmt werdendes Aversum zugewiesen.

Die gegebenen Mittel werden zur festlichen Einrichtung des Preisschießens, dann zu Preisen in baarem Gelde oder in nützlichen Gegenständen verwendet; auch soll jeder Preisträger ein Diplom erhalten.

Zur Leitung des Preisschießens wird eine Commission bestimmt, welche bei einem Infanterie-Regimente aus einem Stabsoffizier, einem Hauptmann, zwei Ober- und zwei Unterlieutenants, bei einem Jäger- oder detachirten Bataillone aus einem Hauptmann, einem Ober- und mindestens zwei Unterlieutenants besteht.

Um die Unteroffiziere und Soldaten, welche am Preisschießen Theil nehmen dürfen, zu ermitteln, geht diesem ein Prüfungsschießen vorher, worüber in § 29 die näheren Bestimmungen enthalten sind.

Zum Feuern in geschlossenen Abtheilungen gibt jede Kompagnie eine Sektion, zu welcher der betreffende Kompagnie-Kommandant die Soldaten wählt.

Die Unteroffiziere oder Soldaten eines Regiments oder Bataillons, welche um die Preise concurriren, bilden 3 Abtheilungen, nämlich: a) die Unteroffiziere und Soldaten des Lehrkurses; b) die Unteroffiziere und c) die Soldaten des Uebungskurses.

Jene Kompagnie, deren geschlossene Abtheilung im Feuern nach Kommando die besten Resultate erlangt hat, erhält ein angemessenes Preisdiplom.

Nach der stehenden Scheibe soll in die Entfernung von 500 Schritten, nach der laufenden Scheibe auf 100 Schritte stehend und mit freiem Arme geschossen werden.

Das Feuer der geschlossenen Abtheilungen nach Kommando ist in der Regel auf die Entfernung von 500 Schritten abzugeben.

Stets ist in voller Rüstung zu schießen.

Jeder auf dem Schießstande, wenn auch unwillkürlich abgegangene Schuß, sowie das Vorbeilassen der laufenden Scheibe ohne Schuß gilt und wird in der Liste eingetragen.

Zur Ermittlung der Preisträger dient die Summe der beim Preisschießen nach den stehenden und den laufenden Scheiben erlangten Trefferzahlen.

Im Falle der Gleichheit der Treffersummen zweier oder mehrerer Schützen entscheiden Ritterschüsse nach der stehenden Scheibe.

Die Vertheilung der Preise hat immer in Gegenwart sämmtlicher Preisbewerber zu geschehen.

Zur Belebung des Wetteifers können die General-Kommandos gemeinschaftliche Preisschießen einer bemessenen Zahl von Unteroffizieren und Soldaten verschiedener Bataillone oder Regimenter anordnen.

Die erlangten Preise oder Preisdiplome werden hierbei nicht den einzelnen Schützen, sondern den Regimentern oder Bataillonen, deren Unteroffiziere und Soldaten die besten Resultate erlangt haben, zu Theil.

§ 29.
Prüfungsschießen.

Das Prüfungsschießen findet kurz vor dem Preisschießen statt.

Jeder Kompagnie-Kommandant wählt hiezu aus dem Lehrkurse und den Uebungskursen die von dem Abtheilungs-Kommandanten zu bestimmende Anzahl von Unteroffizieren und Soldaten.

Dieses Prüfungsschießen, woran geschlossene Abtheilungen nicht Theil nehmen, wird analog dem Preisschießen abgehalten. Wie dort, ist der Rang der Schützen auszumitteln, wovon die besten an dem Preisschießen Theil zu nehmen haben.

§ 30.
Eintheilung der Schützen in Klassen.

Die Unteroffiziere und Soldaten jeder Kompagnie werden als Schützen in 4 Klassen getheilt, von welchen die 4te als die niederste gilt.

Mit dem Eintritte in den Lehrkurs kommt der Mann in die 4te Klasse.

Am Ende eines Jahreskurses erfolgt die Klassifikation, zu welcher die Resultate des Einzelnschießens ohne und mit Kommando die Grundlage geben.

Zur Ermittlung der Klassen dienen im Lehrkurse wie im Uebungskurse die in der Schußliste § 31 eingetragenen Trefferzahlen in der Art, daß
1) im Einzelnschießen ohne Kommando die Trefferzahlen erst von der Distanz 300,
2) im Einzelnschießen mit Kommando alle Trefferzahlen,
3) im Schießen auf laufende Scheiben die Trefferzahlen von 100 Schritt anfangend in die Rechnung gezogen werden.

Die hienach in Ansatz gebrachten Trefferzahlen sind bei 1 und 2 mit der das Hundert benennenden Zahl, bei 3 mit dem 25ten Theil der Schrittentfernung zu multipliciren, diese Produkte zu summiren und ihre Summe mit der Zahl der Schüsse, welche auf den hier maßgebenden Distanzen abgefeuert wurden, zu theilen; beträgt der Quotient $3^5/_{10}$, so tritt der Schütze in die 3te, steigert er sich auf 5, gehört er der 2ten, und erreicht er $6^5/_{10}$, der 1ten Klasse an.

Die Resultate von Schüssen, welche mit auf- oder angelegtem Gewehre gemacht worden sind, dürfen nicht in Rechnung gezogen werden.

Zum Uebertritt aus dem Lehrkurse wird gefordert, daß der Schütze mindestens die 3te Klasse erreicht habe.

Die Eintheilung der Unteroffiziere und Soldaten in die Schützenklassen ist bei den Kompagnien geeignet bekannt zu geben.

Auch soll bei jeder Gelegenheit, bei welcher ein Unteroffizier oder Soldat bezüglich seiner militärischen Brauchbarkeit zu schildern ist, die Schützenklasse, in welcher er sich befindet, angeführt werden.

V. Schußlisten.

§ 31.
Schußliste für das Einzelnschießen.

In dieser Weise sind bei den Infanterie-Kompagnien 5 Mann, bei den Jäger-Kompagnien 8 Mann auf jeder Seite vorzutragen.

Für den Lehrkurs und den Uebungskurs unterscheiden sich diese Listen nur in ihrer Ueberschrift.

Zum bequemen Gebrauche während der Uebungen kann die Liste in Hefte getheilt und erst nach dem Abschlusse vereinigt werden.

Die Namen der Unteroffiziere und Soldaten werden in einer den Verhältnissen passenden Reihenfolge eingetragen. Des schnellen Auffindens der Namen wegen kann man der Liste einen Renner beigeben.

Die Resultate der Einzelschüsse, welche ohne und nach Kommando und nach den verschiedenen Scheiben gemacht werden, sind den Signalen der Zieler

II. Abschnitt. Das auf Rückladung abgeänderte bayer. Gewehr.

Nro.	Zugang und (Charge und Namen)	Namen	Gewehr-Modell und Nummer	Schütze	Entfernung in Schritten	100	200	300	400	500	600	100	200	300	400	500	600	60	100	200	600	Summe der Schüsse	Verlage	Bemerkungen
1.	Rekrutat (1866 freiw.)	2d Unterof., Zebann	Rück. abg. (3460 III)	Resultate der Schüsse		0	0	2	0	3	1	1	1	2	2	0	0	4	4	4	0	30	3	Hat vor seinem Zugange wenig geschossen. Schütze II. Klasse. Die Handzhäl- chen waren oxydirt.
						2	1	1	1	0	1	2	1	1	II 1	II 1	II ϕ	3	3	30	3			
						3	2	3	2	2	2	3	1	3	III 1	III 1	3I	29	2					
						4	3	2	1	2	1	0	0	2	1	1		24	1					
						3	3	2	3	1	1	0	4	0	III	II 1		20	1					
		Trefferzahlen				20	21	26	21	17	17	17	5	5	11	4	9	10		157				
		Fehler				1	2	3	3	3	6	1	1	1	1	2	3	2		29				

entsprechend als **Scheibentreffer** mit den Ziffern 1, 2, 3, 4 oder als **Scheibenfehler** durch 0 zu bezeichnen.

Die auf die Einzelnschüsse nach Kommando bezüglichen Zahlen werden **unterstrichen**, die sich auf die Schüsse nach der **laufenden Scheibe** beziehenden durch **römische Ziffern** ausgedrückt, wobei der einen Scheibenfehler anzeigende Kreis (✥) zu durchstreichen ist.

Zum Zwecke der Munitions-Berechnung und der Klassenbildung der Schützen sind die **Schüsse** und deren **Resultate** zu summiren.

Die Resultate der Schüsse, welche bei Inspektionen der Generäle, bei Prüfungs- oder Preisschießen ꝛc. gemacht wurden, sind in diese Liste einzeln nicht einzutragen, wohl aber werden in den Bemerkungen allenfalls erhaltene **Preise** angeführt.

In der Rubrik — **Versagt** — werden während des Schießens die einzelnen Fälle nur durch kleine Bleistriche angezeigt, und erst beim Abschluß der Liste summirt.

In der Rubrik — **Bemerkungen** — wird kurz vorgetragen, was zur Beurtheilung der Waffen und der Munition, dann des Schützen wesentlich beiträgt.

§ 32.
Schußliste für das Schießen in geschlossenen Abtheilungen.

Nummer der Abtheilung	Anzahl der Feuernden und Nummern derselben	Art der Feuer		Entfernung	Scheiben-treffer	Versagt	Scheiben-fehler	Bemerkungen
1.	2 Unteroffiziere 14 Soldaten 9, 12, 14, 16, 19, 24, 30, 36, 37, 40, 52, 59, 67, 68, 69, 74. Lehrkurs.	2 Glieder		100	14	—	2	Den 16. Juli 1867. Nicht sehr schnelles Laden. Das Zündhütchen versagt. 1tes Glied kniend.
		Einzelne Glieder	2tes	100	8	—	—	
			1tes	100	7	1	—	
		Einzelne Glieder	2tes	100	8	—	—	
			1tes	100	6	—	2	
2.	18 Soldaten 10, 15, 18, 22, 25, 26, 27, 29, 31, 32, 34, 39, 42, 43, 50, 51, 54, 55. Lehrkurs.	2 Glieder		100	16	—	2	Den 19. Juli 1867.
		2 Glieder		100	17	—	1	
		Einzelne Glieder	2tes	100	8	—	1	
			1tes	100	7	—	2	Beide Glieder stehend.
3.	16 Soldaten 17, 20, 23, 28, 35, 41, 44, 56, 57, 58, 60, 61, 62, 63, 64, 65. Uebungskurs.	2 Glieder		200	13	—	3	Den 21. Juli 1867. 1tes Glied kniend.
		2 Glieder, Seiten-richtung links		200	14	—	2	
		Einzelne Glieder	2tes	200	6	—	2	Beide Glieder stehend. Schnelles Laden in 15 Secunden.
			1tes	200	7	—	1	Ein Patronenboden im Ventil geblieben.

II. Abschnitt. Das auf Rückladung abgeänderte bayer. Gewehr.

Nummer der Abtheilung	Anzahl der Feuernden und Nummern derselben	Art der Feuer	Entfernung	Scheiben-treffer	Verlagt	Scheiben-fehler	Bemerkungen
1.	2 Unteroffiziere 14 Soldaten. 17, 20, 23, 28, 35, 41, 44, 56, 57, 58, 60, 61, 62, 63, 64, 65. Lehrkurs.	2 Glieder 2 Glieder, Seiten-richtung rechts Einzelne ⎱2tes Glieder ⎰1tes 2 Glieder	200 200 300 300 400	14 12 5 6 9	— — — — —	2 4 3 2 7	Den 29. Juli 1867. Das 1te Glied knieend. Schnelles Laden in 16 Secunden.
3.	16 Soldaten 17, 20, 28, 35, 38, 41, 44, 56, 57, 58, 60, 61, 62, 63, 64, 65. Uebungskurs.	2 Glieder Einzelne ⎱2tes Glieder ⎰1tes Seitenrich-tung links 2 Glieder Einzelne ⎱2tes Glieder ⎰1tes	300 300 300 400 400 400	11 5 6 9 4 4	— — — — — 1	5 3 2 7 4 3	Den 1. August 1867. 1tes Glied knieend. Geladen in 14 Secunden. Starker Seitenwind. Ein Patronenboden im Ventil geblieben, aus Versehen nicht heraus-genommen, erschwerte das Laden.

Dieselbe Liste dient für den Lehr- und den Uebungskurs.

Durch die in der zweiten Rubrik einzutragenden, aus der ersten Rubrik der Schußliste § 31 entnommenen Zahlen werden die Leute bezeichnet, aus welchen die Abtheilung besteht.

Die Ursachen des allenfalls vorkommenden Versagens der Gewehre wer-den nicht nur der Munitionsberechnung wegen, sondern insbesondere zum Zwecke der Beurtheilung der Waffen angeführt.

§ 33.
Tagebuch über das Scheibenschießen.

Datum	Anzahl und Charge der Schießenden. Schießkurs.	Verbrauch an Munition.		Vortrag über die Art des Unterrichtes oder der Uebung, Anzug und Richtung, beschossene Entfernungen, Versager, Fehler an Gewehren oder Munition, Witterungsverhältnisse, besondere Vorfälle.
		Patronen	Zündhütchen	
18.. 10/5	1 Vicekorporal. 36 Soldaten. Lehrkurs.	380	3	Einzelnschießen ohne Kommando, 100 und 200 Schritte, ohne Tornister, zwei Versager, explodirte Zündhütchen. Gutes Wetter. Unterschrift des Offiziers.
13/5	32 Soldaten. Uebungskurs.	320	1	Einzelnschießen ohne Kommando, 300 Schritte, mit Tornister, 1 Zündhütchen verpufft ohne zu entzünden, die Zündkanalschraube des Gewehres Nro. 10,200 sehr ausgebrannt. Starker Wind von rechts. Unterschrift des Offiziers.
20/5	1 Vicekorporal. 27 Soldaten. Lehrkurs.	168	1	Einzelnschießen nach Kommando, 100 Schritte, mit Tornister, Bajoneten auf. Eine Patronenhülse von starkem Papier. Etwas Regen. Unterschrift des Offiziers.
8/6	30 Soldaten. Uebungskurs.	180	—	In geschlossener Abtheilung nach Kommando, 100 und 200 Schritte, mit Tornister und Bajoneten. Eine Patronenhülse beim Aufsetzen des Zündhütchens abgebrochen durch Schuld des Mannes. Gutes Wetter. Laden in 12 Secunden. Unterschrift des Offiziers.
20/6	1 Vicekorporal. 27 Soldaten. Lehrkurs.	140	1	In geschlossenen Abtheilungen nach Kommando, 100 und 200 Schritte, mit Tornister und Bajoneten. Ein Zündhütchen verpufft ohne die Ladung zu entzünden, wahrscheinlich mangelhafte Reinigung des Kanals. Starker Wind von rechts. Unterschrift des Offiziers.

II. Abschnitt. Das auf Rücklandung abgeänderte bayer. Gewehr.

§ 34.
Munitions-Berechnung.

Curs	Charge	Munitions-Verbrauch				Bemerkungen
		Scharfe Patronen	Blinde Patronen	Zündhütchen zum Feuergew.	Zündhütchen zum Zimmergewehr	
Lehr-	Offiziere					
	Unteroffiziere					
	Soldaten					
Uebungs-	Offiziere					
	Unteroffiziere					
	Soldaten					
Summa						
Bei Inspektionen						
Prüfungs-Schießen						
Preisschießen						
Probeschüsse der Lehrer						
Einschießen der Gewehre						
Summa						
Summa summarum						

Der Munitionsverbrauch der Unteroffiziere und Soldaten an scharfen Patronen und an Reserve-Zündhütchen zu solchen läßt sich durch die Schußlisten der Kompagnien controliren, was nicht so der Fall ist bezüglich der blinden Patronen und der Zündhütchen zu den Zimmergewehren, indem hierüber keine speziellen Aufschreibungen gemacht werden.

Die Munition zum Schießen der Offiziere wird in dieser Liste nur dann vorgetragen, wenn der Verbrauch bei einer detachirten Kompagnie stattgefunden hat.

§ 35.
Klassen-Verzeichniß der Schützen.

Charge	Namen	Klasse				Charge	Namen	Klasse			
		IV	III	II	I			IV	III	II	I

III. Abschnitt.

Einige andere Rücklader und ihre Kriegsleistung.

§ 1.
Das preußische Zündnadelgewehr.

Das preußische Zündnadelgewehr, erfunden von Dreyse zu Sömmerda, kam 1841 in Preußen zur theilweisen Einführung und ist derzeit fast die gesammte norddeutsche Armee mit demselben ausgerüstet. (Taf. I Fig. 8 und 9.)

Der Hauptvorzug dieses Systems gegenüber den meisten anderen Hinterladungswaffen besteht in der großen Einfachheit seines Mechanismus durch die Anwendung des Zündnadelschlosses, welches eine leichte Behandlung des Gewehres selbst, sowie eine rasche Ausbildung der Mannschaft in dem Gebrauche der Schießwaffe ermöglicht, dann in der Verwendung von Einheitspatronen mit Papierhülsen.

Die Entzündung der Patrone erfolgt durch das Eindringen einer Nadel in die vorwärts der Pulverschichte in einen Papierspiegel gelegte Zündpille. Die Bewegung der Nadel wird durch die Wirkung einer rückwärts liegenden Spiralfeder bedingt.

Die Patrone (Taf. I Fig. 11) besteht aus dem eiförmigen Geschosse (Langblei), dem gepreßten Spiegel mit der Zündpille, der Pulverladung und der Papierhülse.

Das Geschoß sitzt mit der größeren Hälfte in dem Spiegel, hat ein kleineres Kaliber als der Lauf und erhält durch den Spiegel die rotirende Bewegung. Letzterer wird durch die Kraft des Pulvers in die Züge gepreßt.

Die Hülse ist aus Maschinenpapier gefertigt, mit einem eingeklebten Boden versehen, über dem Geschoß zusammengedreht und längs der Spitze desselben gefettet.

Das normale Laufkaliber beträgt 0″,59 rh., die allgemeine Dralllänge der vier Züge ist auf 28″ festgesetzt.

Das Geschoßgewicht beläuft sich auf 1,8 bayerische Loth, jenes der Pulverladung auf fast 1/6 der Schwere des Projektiles.

Der Visirwinkel beträgt für die Entfernung von:

$$
\begin{array}{rll}
300 & \text{Schritten} & 0°47,2', \\
500 & " & 1°24,6', \\
700 & " & 2°6,8', \\
900 & " & 2°53,8', \\
1000 & " & 3°19,1'.
\end{array}
$$

Die Treffwirkung und Durchschlagkraft ist nach Witzleben durch nachfolgende Tabelle festgestellt:

	Scheibe						
	6' hoch, 4' breit	6' hoch, 8' breit	8' hoch, 16' breit auf				
	150—300	400	500	600	700	800	900	1000

	Schritt							
Treffwirkung in Procenten	100	100	99	97	93	89	74	70
Durchschlagkraft durch 1 Zoll starke Kiefernbretter	6—8	5,42	—	—	3,75	2,52	—	1,92

Die früher sehr bedeutende Derivation (Seitenabweichung des Geschosses) ist durch die neueste Geschoßconstruction auf ein nahezu unschädliches Maß vermindert worden.

Die mittlere Feuergeschwindigkeit kann auf die dreifache eines guten Vorderladers, nämlich mindestens zu 4,5 Schuß, die höchste aber zu 8 Chargen in der Minute angenommen werden.

Der Hauptmangel des preußischen Zündnadelgewehres besteht in seinem großen Kaliber. Um denselben zu beseitigen, griff man in der Folge zum Langblei mit Anwendung des Spiegels.

§ 2.
Das französische Zündnadelgewehr, System Chassepot.

Das französische, von dem Artillerie-Ouvrier Chassepot construirte Zündnadelgewehr (Taf. I Fig. 15 und 16) hat vor Allem den Vortheil des kleinen Kalibers vor der preußischen Waffe voraus.

In seinem gegenwärtigen (durch Ordonnanz vom 30. August 1866 festgesetzten) Bestande unterscheidet es sich von den bisher kennen gelernten Nadelsystemen sehr wesentlich darin, daß es den gasdichten Abschluß des Laufes nicht durch den Uebergriff von Rohr- und Kammermundstück und das feste Antreiben dieser beiden Theile gegeneinander, sondern durch einen Kautschukring herstellt, der durch den Druck der Pulvergase comprimirt und damit so kräftig an die Laufwandungen angedrückt wird, daß ein vollkommen hermetischer Abschluß der Rohrseele entsteht.

Die Zündung findet sich, der kurzen Nadelbewegung des Schlosses entsprechend, am Boden der Patrone angebracht und besteht aus einem einfachen Zündhütchen mit durchlöcherter Decke.

Die Patrone (Taf. I Fig. 12) hat keinen Spiegel, wie jene der preußischen Patrone; die Kugel selbst wird in die Züge gepreßt (forcirt).

Außer den im Eingange berührten Vortheilen besitzt das Chassepot-Gewehr im Vergleich zu jenem von Dreyse den Vorzug einer etwas rascheren und bequemeren Ladung, dagegen aber den entschiedenen Nachtheil, daß der zwischen dem Kammerboden und der Basis des Nadelrohres befindliche leere Raum sich leicht mit Pulverschleim ausfüllt und dann das Zurückweichen des Nadelrohres beim Schusse und die Compression des Kautschukringes hindert.

Die mittlere Feuergeschwindigkeit des Chassepot-Gewehres beträgt 7—7,5 Schuß, die höchste 12 Schuß in der Minute.

§ 3.
Das zur Rückladung abgeänderte österreichische Infanterie-Gewehr.

Das seit 1867 in Oesterreich adoptirte Abänderungssystem ist von dem Wiener Waffenfabrikanten Wänzl construirt und auf die Anwendung der Kupferpatrone mit Randzündung gegründet. Die Entzündung erfolgt mittelst eines Zündstifts, auf welchen der Hahn eines gewöhnlichen Percussionsschlosses wirkt.

Der Verschluß (Taf. I Fig. 17 und 18) ist an einem Charniere im Kreisbogen nach aufwärts drehbar und wird derselbe — bei geschlossenem Lauf — beim Vorschlagen des Hahnes durch einen mit diesem in Verbindung stehenden Riegel gegen das Laufende fest angedrückt, so daß er sich beim Schuß nicht heben kann.

Der Zündstift geht durch das Verschlußstück in der Richtung des Hahnenschlages und trifft die Patrone an dem Rand.

Ein Nachtheil ist, daß nach dem Schuß die Kupferhülse nicht ganz aus dem Lager geschnellt wird, sondern mit den Fingern vollends entfernt werden muß.

Die Feuergeschwindigkeit beträgt, wenn die Patronen neben dem Schützen liegen, 13—14 Schüsse*), bei Ladung aus der Patrontasche 9,5 Schüsse in der Minute.

§ 4.
Systeme mit Metallpatronen.

Außer dem Systeme Wänzl gehören noch die Systeme Remington, Peabody und Werder zu den vorzüglichsten Einladern mit Metallpatronen, die Systeme Spencer, Henry-Winchester und Vetterli zu den Repetir- oder Magazinsgewehren.

Der Mechanismus des Remington-Gewehres (Taf I Fig. 10) besteht aus zwei, Hahnen ähnlichen, hintereinander liegenden Haupttheilen, die sich um starke Wellen drehen und von welchen der vordere Haupttheil das Verschlußstück, der rückwärtige Hahn und Nuß bildet. Auf beide wirken unterhalb derselben liegende Federn. Der Drücker dient als Stange und greift mit seiner vorderen Spitze in die Rasten der Nuß (des Hahnes) ein.

Die Entzündung erfolgt durch den Schlag des Hahnes auf einen, im Verschlußstück liegenden Zündstift, welcher auf den Boden der Metallpatrone wirkt.

Die Haupteigenthümlichkeit dieses Systemes liegt in der Form seiner Haupttheile, deren Berührungsflächen, bei allen Bewegungen, übereinander weggleiten, in allen Ruhestellungen aber sich gegenseitig unterstützen.

---

*) Außer diesem System besitzt Oesterreich ein neues Rückladungsgewehr nach System Wändl.

Die Feuergeschwindigkeit beträgt durchschnittlich 8 Schuß, als höchste Leistung 10 Schuß in der Minute.

Bei dem 1862 von dem Amerikaner **Peabody** in Anwendung gebrachten Gewehr (Taf. II Fig. 20 und 21) wird der Verschluß durch einen unterhalb des Schaftes befindlichen und als Hebel dienenden Bügel nach abwärts gedrückt und hiedurch der Lauf geöffnet.

Die Entzündung erfolgt mittelst Schlagstift auf den Rand der Patrone.

Auf den Schlagstift wirkt der Hahn eines Rückschlosses.

Das System Peabody wurde 1866 durch den Schweizer Martini bedeutend vereinfacht, welcher die Nuß des Schlosses mit dem drehbaren Bügel durch eine Zugstange verband und hiedurch der Moment des Spannens des Hahnes wegfiel.

Das Leistungsvermögen des hiernach abgeänderten Gewehres beträgt im Schnellfeuer 15 Schüsse, als mittlere Leistung 10 Schüsse in der Minute.

Das **Werder'sche Gewehr** (Taf. II Fig. 33 und 37) hat eine Patrone mit ganzer Kupferhülse und Centralzündung, nahezu die Feuergeschwindigkeit der Repetirgewehre, und übertrifft diese an Einfachheit aller Theile, Billigkeit der Herstellung und Treffsicherheit.

Aehnlich wie bei dem Peabody-Gewehre öffnet sich bei dem Werder'schen Gewehr der Verschluß nach abwärts. Diese Bewegung wird jedoch in dem Momente von selbst vollzogen, in welchem man zur neuen Ladung herabgehend mit dem Zeigefinger den Trücker verläßt. Das Schließen des geladenen Gewehres fällt mit dem Spannen des Hahnes zusammen, welches während des Auffahrens in den Anschlag vollzogen wird.

Die Maximal-Leistung im Feuern ist per Minute 16—18 gezielte Schüsse.

Das Magazin befindet sich bei dem **Repetir-Gewehr von Spencer***) (Taf. II Fig. 22 und 41) mit 7 Patronen im Kolben, bei dem **Henry-Winchester-Gewehr** (Taf. II Fig. 34) mit 14 Patronen unterhalb des Laufes, an der Stelle der Ladstockmuthe angebracht.

Bei beiden Arten wird eine Spiralfeder zum Zubringen der Patronen verwendet.

Das Oeffnen und Schließen des Laufes, Einführen der Patrone, Spannen des Hahnes, Entfernen der abgeschossenen Patronenhülse erfolgt bei dem Winchester-Gewehr durch die Bewegung eines Hebels, welcher in der Form eines Abzugbügels, ähnlich demjenigen des Peabody-Gewehres, unter dem Schaft liegt.

Nach Versuchen betrug die Feuergeschwindigkeit des Henry-Gewehres mit einmaliger Benützung des Magazins 14 Schuß in der Minute, während man bei Verwendung dieses Gewehres als Einlader innerhalb 4 Minuten 41 Schüsse erreichte.

Statt des Kniehebelverschlusses von Winchester, welcher für liegende Schützen schwierig ist, besitzt das schweizerische **Repetirgewehr von Vetterli** (Taf. II Fig. 42) einen in der hintern Verlängerung des Rohrs, innerhalb einer Hülse beweglichen Kolben oder Cylinder, der durch drei Zapfen oder Warzen mittelst einer Drehung des Griffs oder Hebels an der rechten Seite der Waffe festgestellt wird.

---

*) Das Spencergewehr kam im amerikanischen Kriege theilweise in Anwendung als Karabiner der Unions-Cavalerie, welche oft im Sinne „berittener Infanterie" auftrat.

Das Magazin hält 13 Patronen und besteht aus einem unter dem Laufe angebrachten zweiten Rohre, das von dem Schaft in einer Weise eingeschlossen ist, daß es äußerlich nicht bemerkt wird.

Das Spannen des Hahns, Zuführen der Patrone und Auswerfen der Hülsen wird durch das Zurückziehen des Kolbens am Griff bewirkt.

Dieses Gewehr, welches sowohl als Repetirgewehr wie als Einlader gebraucht werden kann, lieferte bei Versuchen mit ungübten Schützen, auf 300 Schritte per Mann und Minute:

a) als Einlader: 6,7 Schüsse im Salvenfeuer, 7 bis 8,5 beim Feuer ohne Commando;

b) bei der Magazinladung: 10 Schüsse im Salvenfeuer, 11 beim Feuer ohne Commando;

c) bei der Entladung des Magazins und 11 darauf folgenden Schüssen mit Einzelladung: 8,8 Schüsse beim Feuer ohne Kommando.

Für einen geübten Schützen ergaben sich auf 300 Schritte bei guter Präcisionsleistung (durchschnittlich 100 Procent Treffer auf die Scheibe von circa 6' Höhe und Breite) folgende Geschwindigkeiten auf die Minute:

a) als Einlader: stehend 13, knieend 10,6, liegend 10,3 Schüsse;

b) bei der Magazinladung: 14 Schüsse in 36 bis 42 Secunden, also 20 bis 23 Schüsse in der Minute;

c) bei der Entladung des Magazins und Fortsetzung des Feuers mit Einzelladung: 15 bis 18 Schüsse;

d) bei der Entladung und nochmaligen Füllung des Magazins: 12 Schüsse;

e) beim Schnellfeuer ohne Zielen: mit Magazinladung 37, mit Einzelladung 16½ Schüsse.

Die Visirwinkel betragen auf:

300	Schritte	37',	700 Schritte	1°34',
400	„	51',	800 „	1°49',
500	„	1°5',	900 „	2°5',
600	„	1°19',	1000 „	2°22'.

Zu den Feuerwaffen mit Magazinseinrichtung gehören ferner die Revolvers und Infanterie-Kanonen.

Revolvers sind Drehpistolen, deren Pulversack durch eine rotirende Trommel gebildet wird, welche mehrere, gewöhnlich 5—6 Ladungen enthält und, bei ihrer Umdrehung, eine nach der andern dieser Ladungen hinter die Laufseele bringt.

Die Haupt-Systeme*) sind: Colt, Adams-Dean und Lefaucheux (Taf. II Fig. 35).

Die beiden ersten besitzen Vorderladung und Kapselzündung, das System Lefaucheux Hinterladung mit Einheitspatrone.

Die treffende Kupferpatrone hält in ihrem Boden ein Zündhütchen, auf welches ein durch die Seite der Patrone gehender Zündstift wirkt.

Von dem Engländer Lancaster wurde die Lefaucheux-Patrone zur Centralzündung abgeändert und verbessert.

Infanterie-Kanonen**) sind kleine Feldgeschütze mit Laffete und Protze, welche von 2 bis 3 Mann bedient werden. Ihr Mechanismus gleicht jenem

---
*) Aeltere Modelle hatten, statt der rotirenden Pulversäcke, ebensoviele ganze Läufe.
**) Diese neue Feuerwaffe wollte ihres Zusammenhanges wegen mit der Darstellung der Revolvers, gleich hier aufgeführt werden, wenn sie auch zu den Geschützen zählt.

der Revolver, statt eines einzelnen Geschützrohres besitzen sie mehrere Infanterie-Gewehrläufe.

Die Munition ist ähnlich jener der Infanterie-Feuerwaffen.

Das von dem Amerikaner Gatling construirte Repetir-Geschütz (Taf. II Fig. 43) hat 6, solid unter sich verbundene gezogene Gewehrläufe, die sich um eine gemeinschaftliche Achse drehen; der hintere Theil ist ein Cylinder oder eine Trommel, welche den zum Laden und Abfeuern der Patronen, sowie zum Auswerfen der Hülsen und zum Umdrehen der Läufe erforderlichen Mechanismus enthält.

Am hintern Ende des Cylinders befindet sich eine Curbel, vermittelst welcher die ganze Maschine getrieben wird.

Zur Bedienung des Geschützes sind 2 Mann erforderlich; einer dreht die Curbel, der andere legt die Patronen ein. Mit jeder Curbelbewegung erfolgt ein Schuß, 60—100 in einer Minute.

Die Patronen sind Kupferpatronen mit Centralzündung, auf deren Boden ein Zündstift wirkt.

Die Geschosse für das kleinere Kaliber von Gatling (0,6" rh.) sind Vollspitzgeschosse von Blei (Taf. II Fig. 44), für sein System mit größerem Kaliber (0,97" rh.), außerdem noch Büchsenkartätschen (Fig. 45), welche 16 kleine Bleikugeln enthalten.

Auf circa 250 Schritte ergaben sich auf eine Scheibe von 50 Fuß Länge und 6 Fuß Höhe in der Zeit von 1 Minute und 30 Secunden mit Kartätschpatronen 74 Schüsse mit 322 Treffern; auf 1000 Schritte mit Vollgeschossen in eine 25 Fuß lange und 6 Fuß hohe Scheibe bei 110 Schüssen 49 Treffer in 1 Minute 23 Secunden; auf circa 1500 Schritte in 1 Minute, in eine Scheibe von 11,8 Fuß Höhe und Breite, mit Vollgeschossen, 87 Schüsse mit 22 Treffern.

Die französische, unter dem Namen Mitrailleuse 1867 bekannt gewordene Infanterie-Kanone, ist dem obigen amerikanischen Geschütze nachgebildet.

Das Rohr liegt jedoch bei demselben fest, besteht aus 25 gezogenen Gewehrläufen vom Kaliber 0,53—0,42", welche von einem gußeisernen Cylinder umfaßt und gedeckt werden, so daß das ganze Rohr jenem einer Kanone gleicht.

Zum Laden wird das Bodenstück (der Stoßboden) des Geschützes abgenommen, dafür ein zweites Bodenstück, welches bereits die Patronen enthält, eingesetzt und das Rohr geschlossen.

Innerhalb einer Minute können 3—4 Serien von 25 Schüssen abgegeben werden.

Bei dem belgischen Modelle von Montigny wird das Rohr aus 37 Gewehrläufen gebildet.

Das bewegliche Bodenstück, welches den aus 37 Zündstiften und Spiralfedern combinirten Entzündungsmechanismus enthält, wird jedoch nicht abgenommen, ist vielmehr nach hinten in der Verlängerung des Rohres innerhalb zweier Schienen verschiebbar.

Mittelst eines am Bodenstücke befindlichen Hebels wird dasselbe zurückgezogen, zwischen Bodenstück und Rohr eine siebartig durchlöcherte Stahlplatte, welche in ihren Oeffnungen Patronen enthält, eingefügt und das Rohr mittelst des Hebels wieder geschlossen.

In einer Minute können 6 bis 9 Serien von je 37 Schüssen, in Summa 200—300 Schüsse abgegeben werden*).

§ 5.
Kriegsleistung gezogener Gewehre.

Die Feuergeschwindigkeit der gezogenen Gewehre ist durch die nachfolgenden Angaben bestimmt**), welche die Zahl der in einer Minute abzugebenden Schüsse ausdrücken.

Bei den Schießübungen der Truppen in feldmäßiger Rüstung:

		Einzelfeuer —	Massenfeuer.
Vorderlader		2,5	1,5
Hinterlader mit	Zündhütchen	5	3
	Einheitspatrone	7,5	4,5
	Magazin	10 bis 15	7 bis 9.

Im Gefecht:

		Einzelfeuer —	Massenfeuer.
Vorderlader		1,4	1
Hinterlader mit	Zündhütchen	2,2	1,5
	Einheitspatrone	4,3	3
	Magazin	8 bis 12	6 bis 8.

Hieraus ergeben sich bei den Friedensübungen für die Feuergeschwindigkeiten der vier angeführten Gewehrgattungen, wenn man die Leistung des Vorderladungsgewehres $= 1$ setzt, ungefähr die Verhältnißzahlen $1 : 2 : 3 : 5$.

Für die Gefechtsleistung aber sind die Verhältnißzahlen etwa $1 : {}^3/_2 : 3 : 7$, — weil im Gefecht die Entbehrlichkeit der Zündhütchen und (beim Magazingewehr) der Patrontaschen, also die Beseitigung der mit diesen Bedürfnissen verknüpften Umstände, noch einen weit höhern Werth für die Steigerung des Schnellfeuers hat, — als beim ruhigen bequemen Scheibenschießen.

Die sämmtlichen Ansätze der obenstehenden Tabellen bleiben sehr weit hinter den Schnellfeuerresultaten zurück, welche bei Probe mit einzelnen sehr gewandten Schützen, ohne Gepäck und Rüstung, mit zugereichter Munition und so weiter, erzielt werden. Dergleichen Leistungen steigern sich wohl auf 12 oder noch mehr Schüsse in der Minute für den einfachen Hinterlader und 20 Schüsse für das gute Magazingewehr; sie können aber für die Action der Infanteriemassen im Gefecht keinen Maßstab liefern.

Die Erfahrung beweist, daß die Kriegsleistung der gezogenen Gewehre sich nicht bis zu 1 pr. Ct. gesteigert hat, vielmehr nur etwa $^3/_4$ pr. Ct., also die dreifache Leistung der glatten Gewehre, jedoch nur $^1/_{70}$ einer guten Friedensleistung beträgt.

§ 6.
Einfluß der Rücklader auf die Taktik.

Seit den Ereignissen des Jahres 1866 ist man vielseitig bemüht, den Einfluß der Hinterlader auf die Taktik zu erforschen. Während Einige tiefer-

---

*) Der Mechaniker Eberhart in Ulm soll eine ähnliche Maschine wie das Gatling-Geschütz, mit 4 Läufen construirt haben; jeder Lauf macht in der Secunde einen Schuß, so daß damit in der Minute 240 Schüsse abgegeben werden könnten.
**) Rüstow. Allgemeine Taktik. Zürich 1868.

III. Abschnitt. Einige andere Rücklader und ihre Kriegsleistung.

gehende Umgestaltungen erforderlich finden, nur dünne Angriffs=Linien noch zu=lässig und Quarrés unnöthig erachten, die Cavalerie zwar als Hilfswaffe noch nicht ganz entbehrlich sehen, im Gefechte aber auf ihre Feuerwaffe verweisen wollen 2c., sind Andere geneigt, auf die ausgedehnteste Anwendung der Ver=schanzungen den Nachdruck zu legen und wieder Andere räumen dem Hinterlader keine wesentliche Bedeutung in der fraglichen Richtung ein. Die Schwierigkeit, sich hier zu orientiren, wird nicht wenig vermehrt durch die Geltendmachung von alten Grundbedingungen des taktischen Erfolges als Neuerung, während ihre Außerachtlassung auch der Steinfeuer=Muskete gegenüber schon zu den ent=schiedensten Niederlagen geführt hat und führen mußte. So sind manche Fol=gerungen aus den jüngsten Ereignissen gezogen worden, welche nicht im Rück=lader, sondern theils in Umständen der eben bezeichneten Art ihre Begründung finden möchten, theils ihre Bedeutung verlieren werden, wenn Gleichbewaffnete sich gegenüber stehen.

Wir könnten uns mit dem Bewußtsein begnügen, daß mit der Einfüh=rung unseres Hinterladers, eben so gut wie man uns die Mittel bot, ihn ge=brauchen zu lernen*), auch Aenderungen in unserer Taktik eintreten werden, wenn sie für den Rücklader nicht ganz ausreichend befunden wird. Eine solche Genügsamkeit entspräche aber weder dem wissenschaftlichen Standpunkte, von welchem aus wir den vorwürfigen Gegenstand zunächst zu betrachten haben, noch unserer Pflicht, die darauf hinweist, auf die Frage einzugehen, welche Modifi=cationen allenfalls in der Anwendung der heutigen taktischen Formen über=haupt gegenüber der noch vorkommenden Gewehr=Gattungen sich ergeben werden.

Es kommen hierbei im Allgemeinen folgende Fälle in Betracht zu ziehen, von welchen der letzte für die Zukunft die Regel bilden, der erste bald gänzlich der Vergangenheit angehören wird.

Für das Präcisionsgewehr gegenüber dem Rollgewehre wird sich kaum eine schärfere Bezeichnung aufstellen lassen, als sie Elgger**) gibt. Wie im Beginne des italienischen Feldzuges 1859 die österreichische In=fanterie besser als die französische bewaffnet war, rief Kaiser Napoleon seinen Soldaten zu: „Die Präcisionswaffen der Oesterreicher sind Euch nur so lange gefährlich, als Ihr ihnen fern bleibt", da nämlich die Ueberlegenheit der Prä=cisionswaffe im Nahgefechte sich nicht so geltend machen kann und überdieß in Oberitalien der Boden die gedeckte Annäherung besonders begünstigte.

Ueber das Verhältniß des Vorderladers zum Hinterlader bietet die nachfolgende Betrachtung***) um so höheres Interesse, als sie frei ist von den Folgerungen, welche theils aus ungenauer Kenntniß der Vorgänge un=mittelbar nach dem Kriege sich ergaben, theils auch jetzt noch in der Schwierig=keit ihre Quelle finden, den unmittelbaren Zusammenhang von Ursache und Wirkung in allen Fällen mit Sicherheit zu erkennen. Jedenfalls hat die In=fanterie, welche nach dieser Anschauung herangebildet wurde, keine Nachtheile

---

*) Wir constatiren dieß gegenüber der Behauptung in „Treuenpreuß. Die fran=zösische Armee und ihre Reform. Berlin 1867", wie man in Bayern 2c. oft gerade die Cardinalpunkte der militärischen Reform in den Hintergrund geschoben sähe, welche Be=hauptung dadurch begründet werden will, daß man sich 2c. nicht einmal dazu aufge=schwungen hätte, die Beurlaubten einzurufen, um sie mit dem Hinterlader einzu=exerziren! 2c.
**) Elgger. Die Kriegsfeuerwaffen 2c. Leipzig. 1868.
***) Verordnungen über die größeren Truppenübungen. Berlin. 1861.

hierdurch erlitten, wenn sich auch nicht immer Gelegenheit fand, die angenommenen Voraussetzungen zu verwirklichen.

Diese Betrachtung weist die Wirkungen des Zündnadelgewehres auf die verschiedenen Distanzen nach, damit sie bei Ausführung der Manöbres die richtige Beachtung finden und hebt hervor, wie dabei sich Zündnadeln gegenüberstehen, während diese im Kriege gegen Minié*) kämpfen. Der Unterschied dieses Verhältnisses, dessen taktische Consequenzen 2c. deutet sie an wie folgt.

„In Trag- und Trefffähigkeit sind sich beide Gewehre ziemlich gleich. Das Uebergewicht des Zündnadelgewehres beruht allein auf seiner Schußfertigkeit. Durch diese wird es ihm möglich, ohne alle Uebereilung ptr. 3mal so oft zu feuern, als sein Gegner. Es gibt in der Minute 4—5 Salven, Minié nur 1½. Dabei ladet es im Liegen und findet vermöge dieser Eigenschaft als Schützenrotte wie auch in kleinen geschlossenen Abtheilungen auf der freien Ebene Deckung, die sein Gegner dort entbehrt, weil er sich zum Laden jedesmal aufrichten muß.

„Durch diese Vorzüge wird das Zündnadelgewehr so übermächtig, daß Minié — obschon durch seine Construction auf das Feuergefecht angewiesen — dennoch diesem Gegner gegenüber dasselbe meiden und sein Heil im Bajonetkampfe suchen wird.

„Auf der freien Ebene aber kann hievon nicht die Rede sein, denn es würde schon auf 500 Schritte in ein wirksames Salvenfeuer gerathen, mindestens 16 Salven, die mit jedem Schritte mörderischer werden, auszuhalten haben, noch ehe es an den Feind kommt.

„Das Minié-Gewehr hat also auch die Ebene zu meiden und zu seinem Gefechtsfelde unter allen Umständen das bedeckte Terrain zu wählen.

„Dort finden seine anrückenden Angriffs-Colonnen Schutz und wenn sie zuletzt in das Feuer des Gegners gerathen, so wird die zu überwindende Distance und Salvenzahl geringer sein.

„Endlich folgt aus der Schußfertigkeit des Zündnadelgewehres, daß es mit 300 Mann einem Bataillon Minié von 900 Mann im Feuergefecht gewachsen und dabei geringeren Verlusten ausgesetzt ist, weil es eine compactere Scheibe gegenüber hat.

„Das Zündnadelgewehr kann daher, will es ein Gefecht hinhalten, Kräfte, Patronen 2c. sparen, bei weitem tiefer fechten als sein Gegner: es hat mehr Reserven übrig und darf daran denken, auch ohne numerische Ueberlegenheit auf die Flanke des Feindes zu wirken, während es ihn in der Front festhält.

„Hiernach wird es also die Aufgabe der künftigen Kriegstaktik des Zündnadelgewehres sein: 1) Seinen Gegner in ein Feuergefecht verwickeln und darin festhalten, 2) ihn möglichst auf der Ebene zu stellen und 3) tief zu fechten, aber doch so, daß, um große und schnelle Erfolge zu erreichen, in jedem Augenblicke die breitere Front wieder hergestellt werden kann 2c."

Wenngleich das Gegenüberstehen von Vorder- und Hinterladern künftig nur unter besonderen Verhältnissen zu gewärtigen sein wird, so möchte dennoch die eben angeführte Verordnung schon insofern noch immer von höherem als

---

*) In allgemeiner Bezeichnung: gezogener Vorderlader mit Expansions-Geschoß.

historischen Werthe sein, als sie auch solche Consequenzen der Rücklader er=
kennen läßt, welche nicht minder in Betrachtung zu ziehen sein werden, wenn
nur Hinterlader sich begegnen.

Hinterlader gegen Hinterlader. Hierbei haben wir zu unter=
scheiden, ob dieselben neue oder abgeänderte Waffen sind. Erstere mit einem
kleineren Kaliber in Verbindung gebracht, gewähren den weiteren Vortheil der
rasanteren Flugbahn und der größern Unabhängigkeit von der Distancen-Schätzung,
während sie zugleich durch die ohne Gewichtsvermehrung zulässige Erhöhung der
Patronenzahl die Ausdauer im Gefechte begünstigen. Repetirgewehre gestatten
überdieß neben den Vortheilen der Einlader eine noch erhöhte Feuerwirkung
im entscheidenden Augenblicke durch Benützung des Magazines.

Abgesehen von dem durch diese Verschiedenheiten bedingten Einflusse und
der erhöhten Bedeutung so mancher schon bisher von der Taktik auf=
gestellter Grundsätze, wird es im Allgemeinen bei gegenseitiger Gleichbewaffnung
wieder darauf hinauskommen, daß zwar die Entfernungen für die erste Ent=
wickelung zum Gefechte sich größer gestalten und die geöffnete Gefechtsordnung
mehr in Anwendung kommt, im Uebrigen aber die Führung, dann die mora=
lische Ueberlegenheit wie sonstige Uebermacht ihre alte Geltung wieder erlangen.

Daß die Cavalerie gegenüber dem heutigen Feuer der Infanterie in
ihrer physischen und moralischen Kraft eingebüßt hat, läßt sich nicht bestreiten;
dennoch wird es sich nicht empfehlen, ihren Angriff — wie Manche wollen —
in Linie abzuweisen, wenn solches auch unerschütterter Infanterie selbst mit der
Muskete schon gelungen ist. Die Geringschätzung des Gegners macht ihn
gefährlich. Wenngleich auch die große Tragweite der Geschütze das Eingreifen
der Reiterei auf dem Schlachtfelde erschwert, so halten wir doch nicht dafür, daß
eine im Terrain gewandte, kühn und überraschend auftretende Cavalerie künftig
ihre glänzenden Thaten nur noch mit dem Rücklabungs-Karabiner vollführen
und in ganz geringer Anzahl für den einflußreichen, weit ausgehenden Siche=
rungs- und Kundschafts- 2c. Dienst auslangen werde, für welchen sie in frühe=
ren Kriegen oft nicht zahlreich genug sich erwiesen hat.

Auch die Artillerie hat vergleichsweise durch das Schnellfeuer der In=
fanterie einige Einbuße erlitten, aber ihre ergiebige Feuerwirkung übersteigt
immerhin weit die wirksame Schußweite der Infanterie-Massen. Sie vermag
daher schon außerhalb dieses Gewehrbereiches einen sehr bedeutenden Einfluß zu
üben, und wenn das beschleunigte Feuer ihr in geringerer Entfernung auch sehr
gefährlich werden kann, so ist sie dafür in der Lage, ihre gewaltige Feuerkraft
selbst gegen gedeckte Objecte geltend zu machen.

Wenn wir auch nur diese Momente bei Betrachtung der einzelnen Ge=
fechtsverhältnisse, welche übrigens nicht hier, sondern in der Taktik abgehandelt
werden, unverrückt im Auge behalten, so werden dieselben für uns vorerst aus=
reichen, um im Allgemeinen den jeweiligen Einfluß der beiden eben besprochenen
Waffen gegenüber dem Rücklader zu erfassen und werden wir dabei vermeiden,
vor ferner liegenden und untergeordneteren Erwägungen die Uebersicht über die
wesentlichsten Einwirkungen zu verlieren.

Dem Rücklader der Infanterie wird häufig blos eine bedeutende De=
fensivkraft zuerkannt, welche oben bereits des Näheren — wenn auch zunächst
dem Vorderlader gegenüber — dargestellt wurde. Es wird sich bei der Ver=
theidigung nächst der jeweilig zulässigen Ausnützung des Terrains für
die Aufstellung zum eigenen Vortheile und zum Nachtheile des Gegners, um
die Anwendung derjenigen Gefechts-Formationen handeln, welche ergiebige Feuer=

Entwickelung gestatten — Linie und Colonnenlinie. Die feindlichen Flanken werden durch gut postirte Gruppen ꝛc. oder Detachirung zu bekämpfen und zu bedrohen sein. Die wohl bemessene Feuerwirkung muß rechtzeitig gesteigert werden im Sinne der unten folgenden Directiven, insbesondere bei der Annäherung des Feindes in den wirksamsten Bereiche der Salve. Von der Gefechtslage wird es nun abhängen, ob die Entscheidung ein entschlossener Offensivstoß herbeizuführen hat.

Während Manche den Angriff durch den Vorderlader mehr begünstigt erachten wollen, als durch den Hinterlader, wird dagegen aus der Feuerbereitschaft des letzteren gerade auf gesteigerte Angriffsfähigkeit geschlossen. Wir halten es nicht für angemessen, aus Detail-Betrachtungen hierüber eine bestimmte, ein für allemal anzuwendende taktische Form abzuleiten, wie z. B. die Colonne aus eingliedrigen Abtheilungen in Vorschlag gebracht wurde.

Es soll hier nur das hervorgehoben werden, worauf es im Allgemeinen ankommen wird. Es ist vor Allem die ausreichende Feuervorbereitung, im Großen durch die Artillerie, dann möglichst gedeckte, schnelle Annäherung unter Demonstrationen, verschleiert und unterstützt durch Plänklerschwärme und Wirkung auf die Flanken ꝛc. Weicht der Gegner, so wird ihm ein Salvenfeuer nachzusenden, das genommene Terrain ꝛc. zu besetzen sein, Plänkler ꝛc. verfolgen ihn. Uebrigens wird vom letzten Stoße auch künftig das Bajonnet nicht ausgeschlossen sein, ein unvorbereiteter Angriff*) aber dem Hinterlader gegenüber noch verderblicher werden, als es schon bei dem Vorderlader häufig der Fall war, mochte er in einer Colonne oder in weniger tiefer Colonnen-Linie**) stattfinden, welche letztere heute geeigneter sein wird, um die feindliche Feuerwirkung zu vermindern, ohne die Kraft des Stoßes zu schwächen.

Mißlingt der Angriff, so wird unter schleuniger Wiederordnung eine rückwärtige Stellung zu nehmen sein und die Reserve in Wirksamkeit zu treten

---

*) Marschall Bugeaud beschreibt diese Angriffsweise von Franzosen in Spanien etwa wie folgt: Sie rückten der gewöhnlich gut gewählten Defensivstellung der Engländer, die nur einen Theil ihrer Stärke zeigte, ohne Recognoscirung bis auf etwa 1000 Schritte entgegen. Die Engländer standen Gewehr beim Fuß. Die Franzosen wurden bei fortgesetztem Marsche unruhig, beschleunigten ihn lebhaft, die Glieder in halber Auflösung, bald noch vermirrter; viele feuerten im Laufen. Bis auf 300 Schritte vordringend — sahen sie die Engländer noch unbeweglich. Das wirkte bewältigend, das Feuer wurde schwächer, viele blieben wie festgebannt. Jetzt bereiteten sich die Engländer zum Feuern vor. Im nächsten Augenblicke schmetterte dieses die Franzosen nieder und zwang sie zum regellosen Rückzuge. Während sie noch suchten Halt zu gewinnen, brachen ihre Gegner mit „Hurrah" vor und verfolgten auf einige 100 Schritte, dann kehrten sie zurück. In derselben Weise holten sich dann die Franzosen oft die zweite Niederlage. Durch diese Angriffsweise verhinderten sie auch das Eingreifen ihrer Artillerie und Cavalerie.

**) Bei Kauth wurde 1807 mit Compagnie-Intervallen von 30 Schritten angegriffen. — Bei Catania geriethen die Neapolitaner 1849 in eine höchst kritische Lage, weil man den Sturm mit mehreren Bataillonen in geschlossenen Pelotons-Colonne ausführte. Vom feindlichen Feuer in Unordnung gebracht, theilte das Umkehren der Spitze sich bald der ganzen Colonne mit. Das Feuer richtete im dichten Gedränge der Fliehenden eine große Verheerung an; ein frisches Regiment wich ebenfalls, allgemein ward die Entmuthigung ꝛc. — Gegen Rom führte 1849 ein französischer Adjutant eine Colonne zur Abkürzung des Vormarsches einen im nahen Schußbereiche der Stadtmauern gelegenen Weg, die Colonnenspitze gerieth in ein von Mauern umgebenes Defilee. Man mußte mit Verlust von 50 Mann und kostbarer Zeit wieder umwenden, um den weiteren Weg zu nehmen, welcher von Wällen gedeckt zum Angriffs-Objecte führte.

III. Abschnitt. Einige andere Rücklader und ihre Kriegsleistung.

haben, diese daher so postirt und formirt werden, daß sie unbehindert ein kräftiges Feuer entwickeln oder zum Gegenstoße übergehen kann.

Während Rüstow und Andere schon wegen des großen Verlustes in kurzen Zeiträumen durch das Schnellfeuer, auf stets bereite Ablösungen und weil man diese nicht immer aus frischen Truppen entnehmen kann, auf die Wichtigkeit hinweisen, welche das Sammeln der im Gefechte gestandenen Abtheilungen erhält, fordert Campe*) Erziehung zur Ruhe und Ordnung und zur erhöhten Feuerdisciplin, indem er anführt, wie es in manchen Entwickelungsgefechten mitunter etwas wild bei einzelnen Abtheilungen zuging und die Mannschaft sehr oft nach der ersten Salve in Schnellfeuer gefallen und letzteres nicht leicht und rasch zu stopfen gewesen ist, während dieß einem gewandten, ebenfalls mit Hinterladern bewaffneten Feinde gegenüber durchaus nothwendig werden wird. Fast nie ist ein rangirtes Feuergefecht in größerem Maßstabe auf freiem Terrain geführt worden, weil der Gegner mit seiner Bewaffnung sich darauf nicht einlassen konnte. „Vielleicht haben wir im nächsten Feldzuge Gelegenheit zu erproben, was unser mit Präcision in richtiger Entfernung gegebenes Salvenfeuer einem übereilten Schnellfeuer gegenüber vermag. Dazu bedürfen wir aber unbedingt einer erhöhten Feuerdisciplin."

Der geringe Munitions-Verbrauch mit dem Zündnadelgewehr 1866 hat die langjährige Sorge vor der Gefahr des Verschießens mit dem Rücklader in den Hintergrund gedrängt. Dennoch werden wir unsere ganze Aufmerksamkeit auf rechtzeitige Sparsamkeit zu richten haben, weil dieses Verhältniß eben sich anders gestalten kann, wenn beide Parteien Hinterladungsgewehre führen.

Was die Schußdistancen betrifft, so haben sich diese im Allgemeinen für die Plänklerlinie in folgender Weise wirksam erwiesen: bis 150 und 250 Schritte gegen mehr oder weniger gut gedeckte Schützen; bis 300 gegen Schützenlinien, bis 500 gegen kleine Colonnen, bis 700 gegen Compagnien, Reiterzüge, bis 800 Schritte gegen geschlossene Bataillone, Escadronen und geschlossene Artillerie. Sollen größere Massen auf noch weitere Distancen beschossen werden, so wird man hiezu besonders gute Schützen bestimmen.

In Ansehung der Feuerarten wird es entsprechend sein, das Commando- oder Salvenfeuer in der Regel nicht über 300 Schritte**) in Anwendung zu bringen. Von beiden Gliedern ausgeführt, gewährt es die größte physische und moralische Wirkung, welche in Augenblicken naher Entscheidungen erfordert wird. Mit den einzelnen Gliedern wird es sich empfehlen, wenn rasch wiederholte Angriffe in Aussicht sind, dann behufs schräger Salven, die namentlich im Quarree oft nöthig werden.

Das Rottenfeuer wird sich, wenn bei erlangter Treffsicherheit und Ruhe überhaupt ein günstiges Ergebniß zu erwarten ist, für die Fälle eignen, bei welchen nicht wie oben plötzliche Wirkung oder Feuerbereitschaft zur ersten Bedingung wird.

Hieraus ergibt sich im Allgemeinen wieder: wohl bemessene Verwendung der Munition, welche in der Sparsamkeit bei geringer Wirkung und Steiger-

---

*) Ausbildung der Compagnie ꝛc. Berlin 1868.

**) Näheres siehe Kessel „Die Ausbildung des Preußischen Infanterie-Bataillons ꝛc." (Berlin 1867), Seite 107 ꝛc. — Auch Glager bemerkt, wie die Preußen 1866 ihre mörderischen Wirkungen innerhalb 300 Schritten erzielten, während sie einst gegen die badischen Insurgenten auf 800 Schritte und weiter schossen und das Zündnadelgewehr damals kein Aufsehen erregte.

ung der Feuerkraft im Momente der größten Wirkung sich zu erkennen gibt, dann selbstthätige Leitung richtig gezielten Feuers.

Um die vorstehenden Zwecke zu erreichen, ist bei der nun schnelleren Abwicklung des Feuergefechtes für promptes **Ineinandergreifen** von **Anordnung und Ausführung**, von besonderem Belange: auf Seite des **Führers** das rasche Erfassen der Lage, die schnelle und verlässige Uebermittelung der Befehle in möglichst einfachen Anordnungen und daher auch Erkennung und Einhaltung des für die Leitung des Ganzen — und nicht der untergeordneten Details — jeweilig geeignetsten Platzes; von Seite der **Unterführer** Gewöhnung an scharfe Befehlsauffassung, entschlossenes, selbstthätiges Eingreifen unter Ausnützung der taktischen Formen und des Terrains nicht nur zur Verminderung der feindlichen, sondern auch zur Vermehrung der eigenen Wirkung, endlich die Erziehung der **Truppe** für zuverlässigen Vollzug mit möglichster Ruhe und Ordnung auch unter schwierigen Terrain=Verhältnissen, dann für richtiges Schießen, Feuer=, überhaupt taktische Disciplin im weitesten Sinne, wobei im Allgemeinen nicht die Formen das sein werden, worauf es vor Allem ankommt, sondern der **Geist**, welcher im Soldaten wohl nur selten vergeblich angeregt werden wird.

Das ist nach unserem Dafürhalten der Einfluß der Hinterlader auf die Taktik, welcher sonach ihr Wesen nicht verändert, sondern nur die Anwendung ihrer Formen modifizirt und die Außerachtlassung mancher längst anerkannter Kriegsregeln noch schärfer straft, als der Vorderlader.

IV. Abschnitt.
Die Geschütze.
§ 1.
Geschütz=Gattungen.

Große Wirkungen, vorzüglich auf weite Distanzen zu erzielen, ist der **Zweck** der Artillerie.

Diesen Zweck zu erreichen, werden vielerlei Anforderungen an dieselbe gestellt, welchen nur durch Geschütze verschiedener Art und Größe entsprochen werden kann.

Jedes Geschütz (Taf. II Fig. 32) besteht aus Rohr a und Laffete b.

Hinsichtlich ihrer Verwendung zerfallen die Geschütze in **Feld=, Festungs= und Belagerungsgeschütze**, welche letztere zwei man auch **Batterie=Geschütze** nennt.

Bezüglich der innern Beschaffenheit der Rohre unterscheidet man **glatte und gezogene Geschütze**.

Letztere haben den Vortheil, auf größere Entfernungen verwendet werden zu können.

Nach Art ihrer Feuerwirkung zerfallen die Geschütze gegenwärtig in 4 Gruppen:

a) in solche, deren Constructions=Verhältnisse **ausschließlich** der Anwendung des **direkten Schusses** entsprechen: glatte Kanonen;

b) in solche, welche neben dem direkten auch den indirekten*) Schuß und flachen Bogenwurf erlauben und eben dieser ausgedehnteren Verwendbarkeit wegen neuestens immer größere Verbreitung finden: die gezogenen Geschütze, glatten Granat- und Bomben-Kanonen.

c) in solche, welche blos dem flachen Bogen: die Haubitzen und endlich

d) in jene, die nach ihren Anordnungen ausschließlich dem hohen Bogenwurfe entsprechen: die Mörser.

In Bayern sind eingeführt als Feldgeschütze: die gezogenen 4- und 6-Pfünder-, als Festungs- beziehungsweise Belagerungs-Geschütze: die glatte 24- und 12-Pfünder-, die gezogene 24-, 12- und 6-Pfünder-Kanone, der 60-, 25- und 10-Pfünder-Bombenmörser, der 60-Pfünder-Steinmörser, der 12-Pfünder-Cöhornmörser.

Die glatten Rohre werden nach dem Gewichte der, ihrem Kaliber entsprechenden Eisenvollkugel, die gezogenen Rohre nach dem nahezu gleichen Kaliber der glatten Rohre, Mörser und Haubitzen nach dem Gewichte einer Steinkugel gleichen Kalibers benannt.

§ 2.
Glatte Geschütze.

Die glatten Geschützrohre werden aus Bronze oder Gußeisen verfertigt.

Die Länge derselben wird nach Kalibern gemessen; deren Gewicht richtet sich nach Pulverladung und dem Geschoßgewichte.

Das Kaliber der 12-Pfünder-Kanone beträgt 4,48″, die Rohrlänge 68,43″, dessen ganzes Rohrgewicht circa 10 Centner.

Das Kaliber des kurzen 24-Pfünders ist 5,66″ mit 14¼ Kaliberlänge und 2621 Pfund Gewicht.

Zu den glatten Geschützen gehören auch die jetzt immer mehr verschwindenden Haubitzen, Rohre, deren Kammer (Raum für die Pulverladung) einen kleineren Durchmesser als der übrige Theil der Seele hat, und unter welchen die des größten Kalibers — Bombenkanonen — genannt werden.

Mörser (Taf. II Fig. 31) sind ganz kurze Rohre von 2 bis 3 Kaliberlänge, gleichfalls mit Kammern, und werden je nach dem Geschoß, welches aus denselben geworfen wird, als Bomben-, Granat-, und Steinmörser bezeichnet.

Die kleinste Gattung derselben, der nach seinem Erfinder benannte Cöhorn-Mörser, hat 4,5″ Durchmesser und 64 Pfund Schwere.

Der 60-Pfünder-Bombenmörser hat ein Kaliber von 11,5″ bei circa 2½ Kaliberlänge, ein Gewicht von 1745 Pfund.

Die Pulverladung beträgt bei den glatten Geschützen ⅓, als Maximalladung die Hälfte des Geschoßgewichtes und wird in Patronen vereint, bei Mörsern lose eingeschüttet.

Der 12-Pfünder hält 2 Pfund, der kurze 24-Pfünder 3½ Pfund, der 60-Pfünder-Bombenmörser im Maximum 5 Pfund Ladung.

Bei der Hohlmunition des 12- und 24-Pfünders werden die Granaten behufs richtiger Lage im Rohre, mittelst Blechkreuzen mit einem kalibermäßigen Holzstück, sogenannten Spiegel (Taf. II Fig. 26), verbunden.

---

*) Siehe Seite 62.

Die Geschosse für glatte Kanonen sind: Vollkugeln, Granaten, Granatkartätschen, Büchsenkartätschen, glühende Kugeln; jene für Mörser: Bomben, Handgranaten, Steine, Leuchtkugeln, Leuchtballen.

Vollkugeln sind aus Eisen gegossene, massive Kugeln und werden insbesondere gegen massive Objekte angewendet.

Granaten sind mit einem Zündloche versehene hohle Eisenkugeln mit Sprengladung, welche entweder durch ihre Sprengstücke oder durch Anzünden wirken.

Die 12-Pfünder-Granate hat 4",36 Durchmesser und wiegt 7 Pfund 12 Loth.

Bomben sind Hohlkugeln mit Oehren und Ringen, werden aus Mörsern geworfen und gegen Pulvermagazine, gewölbte Räume, dominirende Stellen und verdeckte Vertiefungen, wie Schluchten ꝛc. angewendet.

Die 60-Pfünder-Bombe wiegt 103 Pfund.

Die kleinste Gattung kugelförmiger Granaten, bestimmt, einzeln aus freier Hand oder in großer Menge (Wachtelwürfe) zusammen aus Mörsern geschleudert zu werden, heißt Handgranate.

Granatkartätschen, nach ihrem Erfinder auch Shrapnels genannt, sind dünnwändige Granaten, welche mit Bleikugeln und Sprengladung gefüllt sind und nur gegen Truppen auf größere Entfernungen gebraucht werden.

Die Zwischenräume der Kugeln werden meist mit Schwefel ausgegossen.

Büchsenkartätschen bestehen aus einer cylindrischen Büchse von Weißblech, die mit 41—60 Stück bei Kanonen und 75 bis über 100 Stück bei Haubitzen, kleiner schmiedeiserner Kugeln und Sägespähnen gefüllt ist. Sie werden auf kürzere Entfernungen gegen Truppen und namentlich zur Flankenvertheidigung in Festungen und Verschanzungen benützt.

Leuchtkugeln bestehen im Allgemeinen aus einem eirunden eisernen Gerippe, das mit einem Zwilchsacke überzogen ist, in welchen ein Feuerwerksatz gefüllt wird.

Leuchtballen bestehen blos aus einem Sacke mit Leuchtsatz gefüllt und sind, wie die Leuchtkugeln, mit einem Strichnetze umgeben.

Um deren Auslöschen durch den Feind zu verhindern, werden die Leuchtkugeln mit sogenannten Mordschlägen, das sind 2—3" lange, spitze, scharfgeladene Gewehrläufe, gespickt, während die Leuchtballen außerdem noch kleine Handgranaten erhalten.

Die Entzündung der Hohlgeschosse glatter Geschütze erfolgt durch nach der Brennzeit des Satzes bemessene sogenannte Zeitzünder und zwar bei Bomben und Granaten durch Brand- oder Zündröhre (Taf. II Fig. 36), bei Granatkartätschen durch den nach seinem Erfinder benannten Bormann'schen Zünder (Fig. 27).

§ 3.
Gezogene Geschütze.

Jedes gezogene Geschützrohr besteht aus: a) dem Rohre an sich und b) dem Verschlusse.

Das Rohr wird aus Gußstahl, Gußeisen oder Metall gefertigt.

Der Bohrungsdurchmesser beträgt beim 4-Pfünder 3",0, beim 6-Pfünder 3",5 und beim 24-Pfünder 5,7".

Die Länge des Rohres ist weniger von der Ladung, wie bei glatten Geschützen, sondern mehr von der nöthigen Umdrehung des Geschosses, welche dasselbe im Rohre erhalten soll, abhängig.

Das Gewicht der gezogenen Rohre ist im Allgemeinen etwas größer, als das der glatten, wegen des Verschlusses.

Der Verschluß vertritt die Stelle des Stoßbodens.

In Anwendung kommen hiebei zwei Arten, nämlich der Kolben- und der Keilverschluß.

Der Kolbenverschluß (Taf. II Fig. 24) besteht aus einem gußstählernen Cylinder, der von hinten in das geladene Rohr geschoben, außerdem durch einen Querbolzen festgestellt, zum Laden aber herausgezogen wird.

Der Keilverschluß (Fig. 23) besteht aus zwei Keilen, die durch das Bodenstück hinter den Laderaum gehen, zum Laden seitwärts herausgezogen werden, so daß die Ladung eingeschoben werden kann; dann werden sie wieder so durchgeschoben, daß sie das Rohr, indem man sie feststellt, schließen.

Zur Schonung hat der Verschluß eine lederne Kappe.

Die Ladung beträgt nahezu $1/_{12}$ des Geschoßgewichtes und wird getrennt von dem Geschosse, in ein Säckchen vereint (Patrone). Taf. II Fig. 25.

Der 4-Pfünder hält 28 Loth, der 6-Pfünder 35 Loth Schußladung, für die Granaten bestehen zweierlei Wurfpatronen zu 7 und $10^{1}/_{2}$ Loth, welche einzeln oder combinirt angewendet werden und vereint wieder die volle Schußladung bilden.

Bei den Geschützen mit Kolbenverschluß wendet man zum vollkommenen Verschluß und Reinigen des Rohres, sogenannte Preßspahnboden (Taf. II Fig. 25), bei jenen mit Keilverschluß — Pappscheiben an. Erstere sind aus starkem Pappendeckel gefertigte Scheiben mit eingebogenen Rändern, welche durch die Pulvergase ausgedehnt werden; letztere, einfache runde Scheiben ohne aufgebogene Ränder.

Beide liegen hinter der Pulverladung.

Die Geschosse für gezogene Geschütze sind: a) Granaten, b) Granatkartätschen, c) Vollgeschosse, d) Brandgranaten und e) Büchsenkartätschen.

Mit Ausnahme der Büchsenkartätschen sind dieselben sämmtlich Langgeschosse, welche etwas mehr als den doppelten Durchmesser zur Länge haben und nahezu die doppelte Schwere ihres Renngewichtes besitzen.

Die Entzündung und Sprengung der Granaten, Granatkartätschen und Brandgranaten erfolgt durch den Percussionszünder, in Folge der Störung des Fluges des Geschosses, durch einen Anprall, wobei der Nadelbolzen des Zündapparates auf eine Zündpille trifft und diese entzündet.

Die Granate besteht aus dem Eisenkern, dem Bleimantel, der Zündvorrichtung und der Sprengladung.

Der Bleimantel umhüllt den ganzen cylindrischen Theil des Geschosses und hat vier flache Reife, welche den Durchmesser des Rohres von Zug zu Zug haben, während der Bleicylinder den Durchmesser von Feld zu Feld hat.

Hieraus folgt, daß die Felder nur in diese Reife eingedrückt werden, also auch hiedurch die Reibung des Geschosses im Rohre möglichst vermindert wird.

Die Sprengladung der 6-Pfünder-Granate besteht aus 14 Loth Musketen-Pulver.

Die Granaten werden bei sämmtlichen gezogenen Geschützen, sowohl auf Truppen, als auf feste Ziele angewendet.

Sie wirken durch ihre Sprengstücke und sollen entweder im Aufschlage vor dem Ziele oder kurz nach dem Eindringen in dasselbe erplobiren.

Die Granatkartätsche (Taf. II Fig. 30) hat genau die Form der Granate, jedoch dünnere Wände. Jene des 6=Pfünders wird mit 90 einlöthi= gen Bleikugeln gefüllt, mit Schwefel ausgegossen und mit $1^4/_{16}$ Loth Spreng= labung, die in einer Blechröhre ist, versehen.

Zum leichtern Erkennen ist ihre ogivale Spitze roth angestrichen.

Die Granatkartätschen werden gegen Truppen angewendet, nur aus dem Feld=6=Pfünder geschossen und sollen durch den Aufschlag auf dem Boden vor dem Ziele erplobiren.

Die Vollgeschosse haben äußerlich ebenfalls dieselbe Form. Sie die= nen zur Zerstörung von Eisenpanzern und festen Mauerwerken und werden nur aus dem 24=Pfünder geschossen.

Brandgranaten sind gewöhnliche Granaten, entweder mit Brand= cylindern (4 oder 6) und einer Spreng labung oder nur mit Brandsatz gefüllt. Letztere haben an ihrer Bogenspitze drei Brandlöcher, welche ebenfalls mit Brand= satz gefüllt sind und heißen volle Brandgranaten. Zur Erkennung ist bei Feld= geschützen die Spitze weiß angestrichen.

Von den Brandcylindern entzünden sich durchschnittlich die Hälfte und brennen dann 1—2 Minuten lang.

Dieselben werden angewendet, um Gebäude, Brücken ɛc. in Brand zu schießen und sind die Feldgeschütze damit ausgerüstet.

Büchsenkartätschen (Taf. II Fig. 29) sind ähnlich denen der glat= ten Geschütze; sie bestehen aus einer Büchse aus Weißblech, die mit Zinkkugeln gefüllt ist.

Nur die Feldgeschütze sind damit versehen.

Sie erreichen mit 600 Schritten die äußersten Grenzen ihrer Wirksamkeit.

§ 4.
Zündungen.

Zum Abfeuern dienen: a) Schilfzündröhrchen, b) Reibzündröhrchen, c) die Lunte, d) Zündlichter.

Schilfzündröhrchen sind Röhrchen von Schilf, die genau in das Zündloch passen, mit einem rasch brennenden Satz gefüllt und zur Entzündung mit einer Zündschnur (Stupine) versehen.

Reibzündröhrchen (Taf. II Fig. 28) bestehen aus einem Röhrchen von Messing mit Pulver gefüllt, unten mit Wachs verklebt, oben mit einem Reibzünder versehen und verkorkt.

Lunten sind leicht gewobene Stricke, die eine Beize erhalten. Sie die= nen zum Anzünden der Schilfzündröhrchen.

Zündlichter sind Papierhülsen, mit einem Brennsatze gefüllt. Sie wer= den bei Regen statt Lunten angewendet.

§ 5.
Laffeten, Protzen.

Die Feldlaffeten, Gestelle, worauf die Geschützrohre gelegt werden, sind Block= oder Wandlaffeten. Letztere bestehen aus 2 parallelen Wän=

ben, erstere aus einem Stücke (Block), auf bessen einem Ende zwischen zwei Backenstücken das Rohr ruht.

Die bayerischen Feldlaffeten sind Wandlaffeten mit 58,5" Geleisweite.

Die Feldprotze (Taf. 11 Fig. 32 c) besteht aus Untergestell, Protzkasten und den zwei Rädern und ist zum theilweisen Munitionstransport bestimmt.

Die Geschützprotze des gezogenen Feld-6-Pfünders ist in Bayern mit 18 Granaten, 9 Granatkartätschen und 3 Büchsenkartätschen ausgerüstet.

Der Feld-6-Pfünder mit vollkommen ausgerüsteter Protze wiegt circa 36, der 4-Pfünder beiläufig 32 Zentner, ohne Einrechnung der 3 auf der Protze sitzenden Kanoniere.

Die Belagerungs-Laffeten können Block- oder Wandlaffeten sein; die gewöhnlichen Wall- (Festungs-) Laffeten ebenfalls, jedoch haben sie niedrigere Räder rc.; die zweibäumige Kasematten-Laffete hat oft nur vorn 2 niedere Blockräder, hinten eine Walze.

Die Mörserlaffeten sind gewöhnlich eiserne Schemel (Taf. 11 Fig. 31) oder kurze Wandlaffeten ohne Räder.

§ 6.
Munitionswagen.

Der Munitionswagen ist zur Aufnahme der Munition und Ausrüstung bestimmt.

Er besteht aus der Protze, die genau die Ausmaße und Ausrüstung der Geschützprotze hat, und aus dem Hinterwagen, welcher ebenfalls einen Munitionskasten trägt, der wieder für 3 Mann zum Sitzen eingerichtet ist.

Der Hinterwagen ist mit 24 Granaten, 16 Brandgranaten, 20 Granatkartätschen, dann der entsprechenden Anzahl von Patronen ausgerüstet.

Ein jeder Feld-6-Pfünder hält 120, der 4-Pfünder 184 Schuß als Gesammtausrüstung.

Das Gewicht eines vollkommen ausgerüsteten Munitionswagens beträgt circa 36 Zentner.

Die Bespannung besteht bei allen Munitionswagen wie bei den Feldgeschützen aus 6 Pferden.

§ 7.
Schießen und Werfen.
a. Laden, Richten, Feuern.

Feldgeschütze werden durch 6—8 Mann bedient.

Zum Transport wird das Geschütz, indem man das Protzloch des Protzstockes der Laffete in den Protznagel der Protze einhebt, aufgeprotzt.

Beim Rückzuge auf ebenem, festen Boden, wenn dabei gefeuert werden soll, verbindet man Geschützprotze und Laffete durch ein starkes Tau (Schlepptau).

Die Bedienung des aufgeprotzten Feldgeschützes zerfällt in Abprotzen, Verschluß öffnen, Ladung einführen, Schließen, Richten, unter Benützung eigener Schuß- und Wurftafeln mit Verwendung von Aufsätzen und der unter dem Geschütz befindlichen Richtspindel, nach Seiten- und Höhenrichtung, dann Abfeuern, Vorbringen des durch den Rücklauf aus seiner Stellung gekommenen Geschützes und Wischen desselben.

Bei anhaltendem Feuern wird das Rohr auch von der Mündung aus mit Wasser, wohl auch durch Einfetten gereinigt, nach 10 bis 20 Schüssen der Verschluß in ähnlicher Weise behandelt und hiezu, wenn nöthig, vom Rohre getrennt.

Die gezogenen Batteriegeschütze werden in gleicher Weise durch 4—6 Mann bedient.

Die glatten Batteriekanonen werden vor dem Einführen der Ladung, zurückgeschoben, die Ladung wird vorn eingeführt, mit dem Setzkolben angesetzt, das Geschütz wieder an die Brustwehr vorgeschoben ꝛc.

Mörser werden von 3—5 Mann bedient; das Pulver wird nicht in einer Patrone eingeführt, sondern lose eingeschüttet, die Bombe vorsichtig eingesetzt ꝛc.

Wie vor dem Abfeuern die Richtung, so folgt bei sämmtlichen Geschützen nach dem Schuß oder Wurf die Reinigung des Rohres.

b. Geschwindigkeit.

Glatte Geschütze: Bei nicht genauem Richten in 1 Minute 2 Schuß, als mittlere Feuerleistung 1 Schuß. Vom Signal zum Abprotzen bis zum 1. Schusse ergaben Versuche einen Zeitbedarf von 17—48 Sekunden.

Beim Batteriegeschütze rechnet man per Stunde auf Bettungen bis 16, auf Rahmen 20 Schuß; wenn sich die Geschütze nicht zu sehr erhitzen sollen, *in* 24 Stunden 120 Schüsse.

Beim Mörser: für den Wurf 5 Minuten; per Stunde gewöhnlich 12, für 24 Stunden nur 60 Würfe.

Mit gezogenen Geschützen können in 3 Minuten 4—5 Granat-, Shrapnel- oder Kartätschschuß, 3—4 hohe Bogenschuß abgegeben werden.

c. Schuß- und Wurfarten.

Je nach der Form der Curve, die das Geschoß beschreibt, unterscheidet man Schuß und Wurf.

Wird ein Geschoß mit sehr bedeutender Anfangsgeschwindigkeit, aber unter geringer Elevation abgefeuert, so nennt man diesen Vorgang Schießen, die entgegengesetzte Weise der Feuerwirkung, mit geringer Anfangsgeschwindigkeit und größerer Elevation heißt Werfen.

Durch das Schießen sollen vertikale Ziele, durch das Werfen Ziele von horizontaler Ausdehnung getroffen werden.

Zum Schuß werden die großen Ladungen angewendet, um eine flache, rasante Flugbahn zu erzielen — zu dem Wurf kleine Ladungen, um eine stark gekrümmte Flugbahn zu erhalten.

Beim Schuß unterscheidet man wieder den direkten und den indirekten Schuß.

Ersterer wird gegen freistehende, also sichtbare Ziele gemacht, beim indirekten Schuß aber ist das Ziel verdeckt und man muß etwas kleinere Ladungen nehmen und zwar, damit das Ziel getroffen werde, so, daß das Geschoß die Deckung knapp überfliegt.

Außerdem unterscheiden sich die Feuerarten auch noch nach der Wahl der Geschosse und der Ziele, wie folgt:

Rollschüsse mit Vollkugeln aus glatten Geschützen, wenn ein harter, ebener Boden oder ruhiger Wasserspiegel vorhanden und der Feind in Colonnen hintereinander steht ꝛc.

IV. Abschnitt. Die Geschütze.

Der erste Aufschlag des Geschosses erfolgt zwischen 1200 und 1300 Schritten, nach welchem die Kugel ihren Weg in immer kleiner werdenden Sprüngen bis zur Auslaufweite (circa 1800 Schritte) zurücklegt.

Enfilirschüsse, sowohl gegen Truppen mit langen Frontlinien als auch gegen gedehnte Festungswerke und die auf selben postirten Geschütze und Mannschaften, wobei sich die Schußlinie so sehr der Zielfläche nähert, daß diese ihrer ganzen Länge nach bestrichen werden kann.

Ricochetschüsse, um Gegenstände hinter Deckungen zu treffen, auf langen Linien mehrere Aufschläge zu erhalten 2c.

Demontirschüsse auf höchstens 800 Schritte mit glatten und auf weitere Entfernungen mit gezogenen Geschützen, zur Beschädigung von Geschützen und ihrer Bedienung, feindlicher Werke 2c.

Breschschüsse auf 50—200 Schritte mit glatten Geschützen behufs Zerstörung von Mauerwerk oder Erdwällen.

Glühkugelschüsse aus glatten Geschützen bei Belagerungen und Küstenvertheidigungen. In Feldschmieden wird eine solche Kugel in $1^{1}/_{2}$ Stunden glühend gemacht; Ausdehnung etwa $5/_{100}$ Zoll.

Leuchtkugelwürfe, selten über 600 Schritte, mit möglichst geringen Ladungen und Elevationen aus Haubitzen und Mörsern. Eine 60=Pfünder=Leuchtkugel kann etwa 8 Minuten lang ein so helles Feuer geben, daß es gestattet, an 100 Laufgrabenarbeiter zu beobachten.

Wachtelwürfe, 40 bis 60 Handgranaten aus dem 60=Pfünder=Mörser, auf höchstens 400 Schritte im Festungskriege gegen Truppen.

Steinwürfe, den Wachtelwürfen im Zwecke ähnlich, aus dem 60=Pfünder=Steinmörser auf 200 bis 250 Schritte, circa 50 Steine von $1^{1}/_{2}$ bis 2 Pfund.

Erdwürfe, eine Art Mine, deren Trichter mit einer größeren Menge 3 bis 10 Pfund schwerer Steine (ca. 50 Centner) ausgefüllt und mit 40 bis 50 Pfund Pulver geladen wird. Die Entzündung erfolgt von einer nach rückwärts gehenden Feuerleitung.

§ 8.
Wirkungen.

Die Wirkung des Artillerie-Feuers ist in erster Linie von der Beschaffenheit des Zieles abhängig, gegen das es gerichtet war, abgesehen von seinem moralischen Effekt gegenüber den Truppen.

Bezüglich des Eindringens in feste Ziele kann im Allgemeinen bemerkt werden, daß schon die Geschosse der leichtesten Geschütze 10 bis 12 Fuß starke Erdwälle oder 3 Fuß dicke Mauern zu zerstören vermögen, jene des gezogenen 6=Pfünders aber bereits zum Breschlegen angewendet werden können, endlich bisher, einschließlich der Panzerschiffe, noch keine Deckung hergestellt ward, welche dem Geschützangriffe dauernd Stand hielte.

Nach den zwei Hauptgattungen ausgeschieden, ergeben sich nachfolgende Resultate, sowohl bezüglich der Trefffähigkeit als des Eindringens der verschiedenen Geschoßgattungen.

Glatte Geschütze.

Vollkugeln des 3= bis 12=Pfünders reichen bis über 1800 Schritte, können 15 und mehr Menschen oder Pferde tödten und verwunden; doch vermindert sich die Wahrscheinlichkeit des Treffens bei 1000 Schritten Entfernung auf weniger als die Hälfte der Kugeln. Der 12=Pfünder bringt auf 600 Schritte 4 Fuß tief in feste Erde, 2½ Fuß in hartes Holz und 1 Fuß tief in Bruchsteinmauern.

Der 24=Pfünder reicht bis über 4000 Schritte, bringt in feste Erde auf 50 Schritte Entfernung über 8 Fuß, auf 1000 Schritte 5 Fuß tief ein; in Eichenholz: auf 50 Schritte etwa 5 Fuß, auf 1000 Schritte 2½; in Bruchsteinmauern: auf 50 Schritte 2 Fuß, auf 1000 Schritte 1 Fuß tief.

Glühende Kugeln schießt der 24=Pfünder bis auf 1200 Schritte. Eine 7mal nacheinander in kaltes Wasser getauchte Kugel zündete noch einen harten Klotz an.

Granaten machen das Terrain bis auf 2500 Schritte unsicher. Jene der 25=Pfünder Haubitze reicht auf 3400 Schritte, bringt in feste Erde auf 50 Schritte 4 Fuß, auf 1000 Schritte 2 Fuß tief; in Eichenholz auf 50 Schritte 2 Fuß, auf 1000 Schritte 1 Fuß tief ein. Beim Zerspringen gibt sie 14—18 Stücke, das größte 4 Pfund, das kleinste mehrere Loth schwer, und schleudert sie über 600 Schritte weit. In Holzbauten richtet sie durch die Erschütterung beim Zerspringen oft große Zerstörungen an, während sie an Mauern keine sehr bedeutende Wirkung erzeugt. Gegen Truppen sind sie besonders wirksam, wenn sie beim Auffallen oder etwas vorher zerspringen. Von 30 Mann, welche in einem Umkreise von 20 Fuß um die Granate stehen, können etwa 4 Mann durchschnittlich getroffen werden.

Bomben. Der 60=Pfünder=Mörser wirft seine über 1 Zentner schwere Bombe bis auf 3000 Schritte. Sie bringt 800 Schritte 2½ Fuß in feste Erde, über ½ Fuß in Eichen, und ½ Fuß in Mauern. Eine solche Bombe drang, in hohem Bogen geworfen, über 5 Fuß tief in die Sand= decke eines Blockhauses. Sie zerspringt in 13—16 Stücke von mehreren Pfunden Schwere, und schleudert sie 800 Schritte weit. In Erdwerken wirkt sie minenartig, in Holzbauten wirkt die Erschütterung beim Zerspringen heftig, an Mauerwerken zerschellt sie oft. Sie kann 2—3 Stockwerke ge= wöhnlicher Häuser durchschlagen, während Gewölbe von 3 Fuß Dicke dagegen schützen.

Granatkartätschen werden bis 2000 Schritte verwendet. Auf 800 Schritte schlug ⅓ der Bleikugeln durch eine ¾ zöllige Bretterwand.

Büchsenkartätschen wirken, die kleinen auf 300, die größten auf 900 Schritte am stärksten. Auf 600 Schritte kann eine 6löthige noch 1—2 Mann außer Gefecht setzen und auf 300 Schritte durch ein 4 Zoll starkes Brett bringen.

Gezogene Geschütze.

Obwohl man mit Granaten bis 4000 und 5000 Schritte nicht ohne Aus= sicht auf Erfolg noch schießen kann, so wird doch in der Regel das Feuern nicht auf größere Entfernungen als 2500 Schritte ausgedehnt, weil von da an sowohl das Schätzen der Entfernungen, als auch das Zielen selbst schwierig wird und der von dem Geschoß in der Infanterie=Höhe bestrichene Raum so kurz wird, daß nur auf eine zufällige Wirkung mehr zu rechnen ist.

Dieser bestrichene Raum beträgt beim 4=Pfünder und 6=Pfünder mit Schußladung auf 2500 Schritte durchschnittlich 20 Schritte, auf 5000 Schritte nur noch 6 Schritte. Beim Wurf mit 7 Loth Ladung erreicht derselbe auf

1400 Schritte, mit 14 und 21 Loth Ladung auf 2500 Schritte seine Grenze mit circa 10 Schritten.

Die Granate des 4=Pfünders liefert beim Zerspringen durchschnittlich 21—25 Stücke des Eisenkerns und 11—17 des Bleimantels; die des 6=Pfünders 36 Stücke des Eisenkerns und 18 des Bleimantels, von denen etwa die Hälfte schwerer als 6 Loth ist.

Der 6=Pfünder mit 35 Loth Schußladung lieferte auf 5000 Schritte, auf eine verticale Scheibe von 96 Schuh Länge und 9 Schuh Höhe 26 Procent Treffer; mit 7 Loth Wurfladung auf 700 Schritte auf ein Quadrat von 50 Schritten Seitenlänge 53 Procent, mit 10$^{1}/_{2}$ Loth auf 1000 Schritte 55, mit 17$^{1}/_{2}$ Loth auf 3000 Schritte 45 und mit 21 Loth Wurfladung auf 2900 Schritte 25 Procent Treffer.

Beim gußeisernen 24=Pfünder war auf 800—1000 Schritte die **Ausbreitung der Geschosse** auf der Scheibe nicht über 10 Quadrat=Schuh.

Die Granate des österreichischen **8=Pfünders***) mit Sprengladung und 1 Pfund 21 Loth Schußladung **drang** auf 600 Schritte 6$^{1}/_{2}$ Fuß tief in ein mittelfestes mit etwas Thon und Sand gemischtes Erdreich.

Der 8=Pfünder **durchschlug** auf 1000 Schritte eine 28 Zoll dicke **Blockwand aus Eichenholz**.

Die Granate des preußischen 24=Pfünders drang 3—4 Fuß tief in das älteste und festeste Granitmauerwerk, gleichviel, ob es eine Mauerfuge oder einen Stein in der Mitte getroffen hatte.

Granatkartätschen erreichen mit 2000 Schritten die Grenze ihrer Wirksamkeit. Auf diese Entfernung beträgt der bestrichene Raum auf Infanterie= Höhe 22 Schritte.

Nach österreichischen Versuchen wurden auf 2000 Schritte 3 Scheiben, welche 50 Schritten Abstand eine Bataillons=Colonne markirten, von 4= Pfünder Granatkartätschen mit 52 Kugeln und Sprengstücken und vom 8= Pfünder mit 126 Kugeln und Sprengstücken durchschlagen.

§ 9.
Besondere Feuerwerkskörper.

Außer den bisher aufgeführten Geschossen ꝛc. ꝛc. bedient sich die Artillerie — vorzüglich im Festungskriege — noch besonderer Feuerwerkskörper.

Sturmsäcke, starke Pappendeckelhülsen von etwa 1' Länge, deren der 60=Pfünder=Mörser 5 zugleich wirft. Sie enthalten eine Granate, Pulver, dann einen Satz, der leicht Brand erzeugt, und werden auch einzeln mit der Hand geworfen.

Sturmfässer, gewöhnliche Pulverfässer, die mit Handgranaten, Brandzeug gefüllt werden und beim Zerspringen die Granaten über 50 Schritte umherschleudern. Sie werden bei Erstürmung der Breschen hinabgerollt.

Stickkugeln, welche durch die bei ihrer Verbrennung entstehenden Dämpfe vorzüglich das Zurückdrängen des Feindes in Minen oder sonst geschlossenen Gängen und Gallerien bewirken.

Petarden, mit 9—10 Pfund Pulver gefüllte kleine Mörser; sie werden mit der Mündung auf eine starke Bohle aufgeschraubt, mittelst dieses Brettes an Festungsthore u. s. w. gehangen und entzündet.

---

*) Wir sind genöthigt, um die verschiedenartigen Wirkungen ersichtlich zu machen, eine verhältnißmäßig große Anzahl Daten heranzuziehen, weil das Material für eine präcis zu fassende übersichtliche Darstellung noch fehlt oder doch uns nicht zu Gebote steht.

Leuchtkränze dienen zur Beleuchtung der Festungsgräben, Wege, Magazine ꝛc. ꝛc., sind aus altem Seilwerk oder Lunte zusammengedreht und in Pech und Colophonium getaucht.

Leuchtfeuer und Signalstangen werden als verabredete Zeichen, Pechfackeln zur Beleuchtung des Weges ꝛc. ꝛc. benützt.

Die Raketen (Taf. II Fig. 38, 39 u. 40) bestehen im Allgemeinen aus 2—6" starken, circa 8 Kaliber langen cylindrischen Hülsen, in welche ein Treibsatz aus Pulver eingepreßt wird.

Bei der Leuchtrakete ist die Hülse oft an einen Fallschirm gehängt. Durch eine Ausstoßladung wird die Büchse vom Schirme getrennt, welcher, sich entfaltend, die Leuchtbüchse nur allmählig zur Erde fallen läßt.

Die Signalrakete erhält statt Fallschirm ꝛc. ꝛc. Schußladung, Kanonenschläge, Schwärmer, kleine Leuchtkugeln ꝛc. ꝛc.

Bei der Kriegsrakete ist die Rakete als Träger des Voll- oder Hohlgeschosses zu betrachten und mit einem circa 10' langen Stabe versehen. Zum Abfeuern legt man sie auf ein Gestelle, z. B. 3-beiniges Stativ. Für den Gebirgskrieg wird das ganze Material auf Saumthiere verladen, wie das leichte Gebirgsgeschütz.

Nach preußischen Versuchen wurde sich mit bestem Erfolge der 2-zölligen Sprengrakete gegen 150 Schritte entfernte Breschbatterien bedient. Die genannten Raketen ergaben auf diese Entfernung die Wirkung des 25-Pfünder-Bombenwurfes.

Nach österreichischen Daten besitzen die kleinen Schußgranaten auf ebenem und festen Boden 1700, die großen 1300 Schritte Tragweite.

§ 10.
Zerstörung des Artillerie-Materials.

Die rascheste und doch sehr gründliche Außergefechtsetzung des Geschützes kann durch Eintreiben eines starken Nagels in das Zündloch geschehen und werden deßhalb eigene, stählerne, mit Widerhaken versehene Nägel bei jedem Geschütze mitgeführt, um dasselbe im unvermeidlichen Verlustfalle mindestens nur kampfunfähig in Feindeshand gelangen zu lassen.

Die Wiederbenützung kann ferners erschwert werden durch Eintreiben eines abgebrochenen Wischerkolbens in die Rohrseele, gewaltsames Verladen des Geschützes ꝛc. ꝛc.

Für mehr vorübergehende Außergefechtsetzung dienen das Abnehmen des Verschlusses bei Hinterladungsgeschützen, die Entfernung der Richtspindel, des Ladzeuges, der Räder, der Munition und ähnliche, vom Augenblicke gestattete Hilfen.

Inhalts-Verzeichniß.

Die heutigen Kriegsfeuerwaffen,
dann insbesondere das Schießen der k. Infanterie.

Seite

Einleitung 1

I. Abschnitt. Charakteristik der Rückladungsgewehre.
- § 1. Vergleichung der Rückladungs- und Vorderladungsgewehre . . 2
- § 2. Classification der Rückladungsgewehre 3
- § 3. Die Patronen 3
- § 4. Maßverhältnisse 4

II. Abschnitt. Das auf Rückladung abgeänderte bayerische Gewehr.

I. Kapitel. Beschreibung und Behandlung.
- § 1. Verschluß-Mechanismus. Gewehrmodelle 5
- § 2. Die einzelnen Theile 6
- § 3. Gewehr-Zubehör 7
- § 4. Zerlegen im Allgemeinen 7
- § 5. Zerlegen und Zusammensetzen 8
- § 6. Reinigung im Allgemeinen 9
- § 7. Reinigung der Theile 10
- § 8. Erhaltung 11
- § 9. Visitation 12
- § 10. Aufbewahrung 12
- § 11. Verpackung 13
- § 12. Leistungsvermögen 13
- § 13. Munition 14

II. Kapitel. Schießen.

Vorbemerkung 16

I. Geräthschaften und Listen.
- § 1. Zielmaschine 16
- § 2. Scheiben 17
- § 3. Zielruthen, Fahnen und Pfahl zum Auflegen 17
- § 4. Verrichtungen der Zieler 17
- § 5. Listen und Berichte 18

II. Vorunterricht.
- § 6. Allgemeine Bestimmungen 19
- § 7. Bewegungen und Bahn der Geschosse, Zielvorrichtungen . 19
- § 8. Zielen 20
- § 9. Allgemeine Bestimmungen für das Anschlagen und Zielen . 23
- § 10. Anschlagen im Stehen mit freiem Arme 23
- § 11. Anschlagen im Stehen mit Anlegen oder Auflegen . . . 24
- § 12. Anschlagen im Sitzen, Knien und Liegen 24
- § 13. Anschlagen und Zielen nach einem in Bewegung befindlichen Gegenstand 25

Inhalts-Verzeichniß.

		Seite
§ 14.	Zielen mit Abdrücken des Hahnes	26
§ 15.	Verpuffen von Zündhütchen, dann Laden und Feuern mit blinden Patronen	27
§ 16.	Schießen mit Zimmergewehren	28

III. Scharfschießen mit den Kriegswaffen.

§ 17.	Allgemeine Vorschriften und Regeln	29
§ 18.	Gebühr an Munition	31
§ 19.	Allgemeine Bestimmungen für den Unterricht des Lehrkurses	31
§ 20.	Laden mit scharfen Patronen	32
§ 21.	Einzelnschießen des Lehrkurses ohne Kommando nach stehenden Scheiben	32
§ 22.	Einzelnschießen des Lehrkurses nach Kommando	34
§ 23.	Schießen des Lehrkurses nach der beweglichen Scheibe	35
§ 24.	Schießen des Lehrkurses in Abtheilungen	35
§ 25.	Uebungskurs	36

IV. Auszeichnungen und Belohnungen für gutes Schießen.

§ 26.	Allgemeine Bestimmungen	36
§ 27.	Preisschießen der Offiziere	36
§ 28.	Preisschießen der Unteroffiziere und Soldaten	36
§ 29.	Prüfungsschießen	37
§ 30.	Eintheilung der Schützen in Klassen	38

V. Schußlisten.

§ 31.	Schußliste für das Einzelnschießen	38
§ 32.	Schußliste für das Schießen in geschlossenen Abtheilungen	40
§ 33.	Tagebuch über das Scheibenschießen	42
§ 34.	Munitions-Berechnung	43
§ 35.	Klassen-Verzeichniß der Schützen	43

III. Abschnitt. Einige andere Rücklader und ihre Kriegsleistung.

§ 1.	Das preußische Zündnadelgewehr	44
§ 2.	Das französische Zündnadelgewehr, System Chassepot	45
§ 3.	Das zur Rückladung abgeänderte österreichische Infanterie-Gewehr	46
§ 4.	Systeme mit Metallpatronen	46
§ 5.	Kriegsleistung gezogener Gewehre	50
§ 6.	Einfluß der Rücklader auf die Taktik	50

IV. Abschnitt. Die Geschütze.

§ 1.	Geschütz-Gattungen	56
§ 2.	Glatte Geschütze	57
§ 3.	Gezogene Geschütze	58
§ 4.	Zündungen	60
§ 5.	Laffeten, Protzen	60
§ 6.	Munitionswagen	61
§ 7.	Schießen und Werfen.	
	a. Laden, Richten, Feuern	61
	b. Geschwindigkeit	62
	c. Schuß- und Wurfarten	62
§ 8.	Wirkungen	63
§ 9.	Besondere Feuerwerkskörper	65
§ 10.	Zerstörung des Artillerie-Materials	66

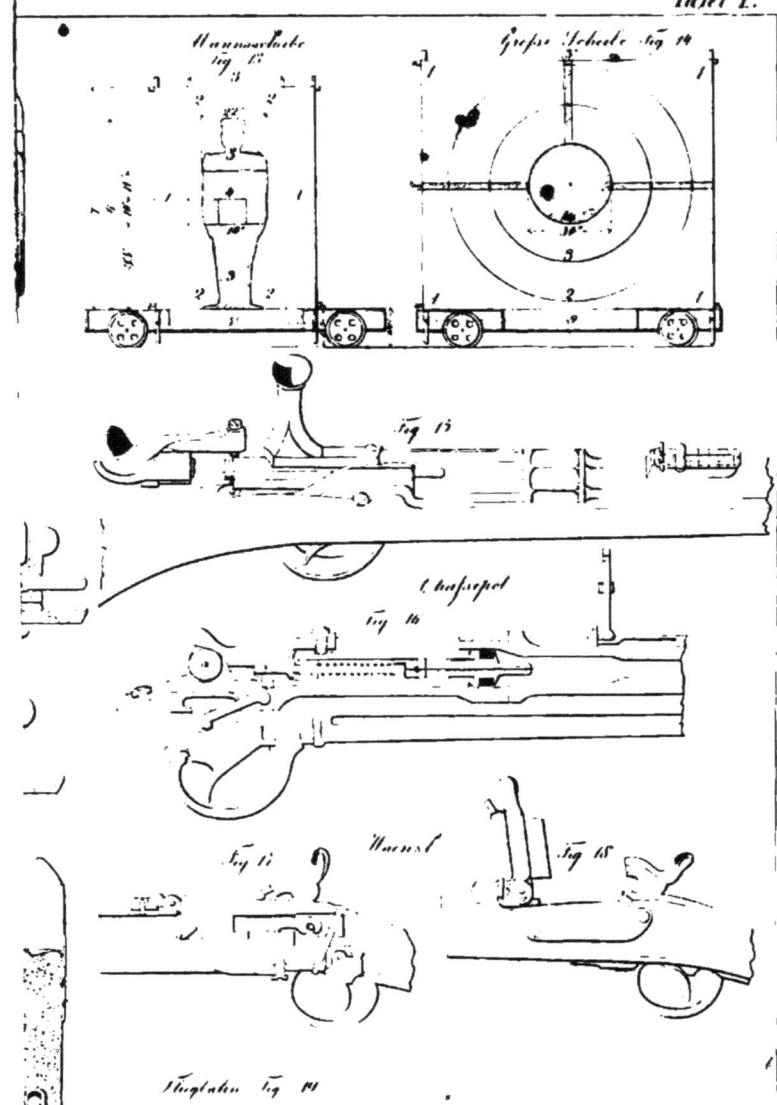

Tafel I.

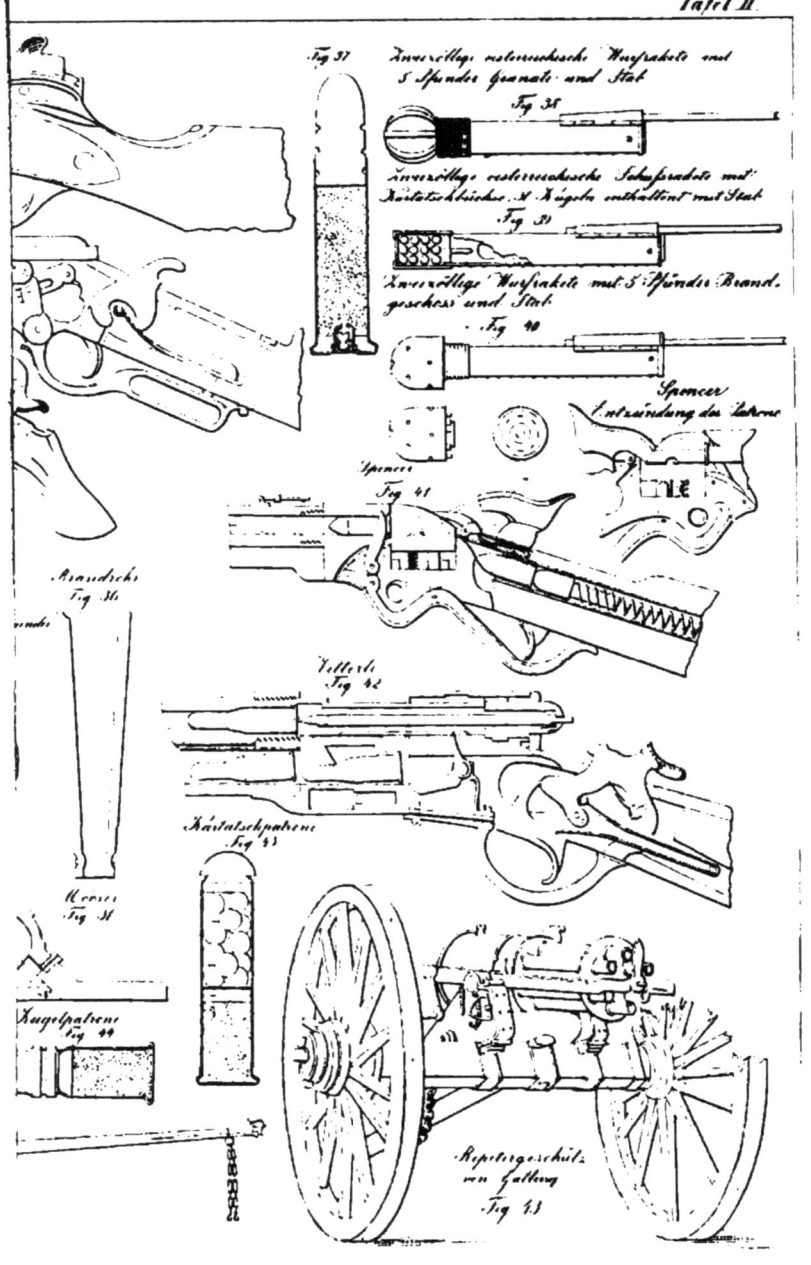

Tafel II

Im Verlage der **Stahel'schen Buch- u. Kunsthandlung** sind ferner nachstehende Werke erschienen und durch alle Buchhandlungen zu beziehen:

Das Terrain nach militär. Auffassung u. Darstellung.
Verfaßt von **W. Veith**, Hptm. u. Comp.-Chef im k. 9. Inf.-Reg. Wrede. Mit 3 Tafeln und mehreren Xylographien. (Sep.-Abdruck aus dem Werke: "Elemente der Kriegs- 2c. Wissenschaften".) 1873. 4 Bg. Lex.-8⁰. Preis 54 kr. oder 16 Sgr.

Militär-Ersatz-Instruktion
für das Königr. Bayern nebst der **Instruktion** für **Militärärzte**. (21. Bd. 16. Abth. der billigen Würzb. Volks-ausgabe bayerischer und deutscher Reichsgesetze.) Preis fl. 1. 12 kr.

Organisation der Landwehrbehörden
und die **Dienst-verhältnisse der Mannschaften des Beurlaubtenstandes**. (21. Bd. 17. Abth. der Würzb. Volksausgabe.) Preis 36 kr.

Plan der Befestigung von Hagenau
vom 16. Okt. 1870 bis 27. Jan. 1871 während der Besetzung durch je 2 Bataillons der k. bayer. 8. Infanterie-Brigade. In Farbendruck ausgeführt. Würzburg 1872. Stahel's Kunstverlag. Imperialformat. Preis 24 kr. oder 7½ Sgr.

Arkolai und die Artillerie
oder die gezogenen Geschütze im Felde. Ein Wort zur Aufklärung von einem deutschen Artillerie-Offizier (W. B.). 1870. 55 S. in Lex.-8⁰. Eleg. brosch. Preis 48 kr. oder 15 Sgr.

Aphorismen
über die **taktischen Begebenheiten des** 7jähr. **Kriegs** von Edm. Höfler, Oberst. Mit 4 Xylogr. 1869. 4¼ Bg. Lex.-8⁰ 48 kr. = 15 Sgr.

Zur Taktik der Gegenwart
von Edm. Höfler, k. b. Oberst. 1868. 1½ Bg. gr. 8⁰ Format 30 kr. = 9 Sgr.

Die Kriegsartikel und Disciplinarstrafordnung
für das k. bayer. Heer. (W. Volksausg. bayer. Gesetze XXI. Band 18. Abthlg.) Preis 9 kr. (in Parthien weit billiger.)

Distanzenmesser
für **artilleristische Zwecke**. Mit 1 lith. Tafel. gr. 8⁰. brosch. 28 kr. = 8 Sgr. (Eine Beschreibung eines praktischen Instruments zum Unterricht im Schätzen der Distanzen bis auf 5000.)

Ein Wort an das bayer. Volk und seine Vertreter.
Von einem bayer. Soldaten. 1870. Lex. 8⁰. brosch. Preis 18 kr. = 6 Sgr.

Die Schlacht von Sedan.
Gedicht von Felix Dahn. Kl. 8⁰. 1871. Preis 9 kr. oder 3 Sgr. Der Ertrag ist zum Besten der Kaiser-Wilhelms-Stiftung. In diesem Gedichte schildert der Verfasser mit mächtig wirkenden Zügen den Verlauf dieser großen von ihm miterlebten Schlacht und den gewaltigen Eindruck auf ihre Theilnehmer.

Im Verlage der Stahel'schen Buch- und Kunsthandlung in Würzburg erscheint und ist durch alle Buchhandlungen zu beziehen:

Stahel's Prüfungsbibliothek
für
einjährige Freiwillige.

Eine gründliche, kurzgefaßte Vorbereitung zum Examen für den einjährigen Freiwilligendienst in der deutschen, lateinischen, französischen und englischen Sprache, in der Geschichte, Geographie, Mathematik, Naturgeschichte u. s. w.
Herausgegeben von tüchtigen Fachmännern.
Würzburg 1868—73. Bequemes Taschenformat.

Wie schon aus der Ueberschrift hervorgeht, ist der Zweck der Herausgabe dieser Taschen-Bibliothek: Jedem zu Prüfenden ein kurzgefaßtes und dennoch gründliches Repetitorium zum Examen zu liefern, zugleich aber auch dem weniger Bemittelten eine überaus billige Gelegenheit zu bieten, sich in den geforderten Prüfungsgegenständen selbst zu unterrichten. Es wurde daher von den Herausgebern eine volksthümliche, Jedermann leicht verständliche Schreibweise gewählt, und da, wo es angemessen erschien, der Stoff in Fragen und Antworten behandelt.

Nachstehendes Inhaltsverzeichniß

führt in Kurzem auf, was in dieser Bibliothek geboten werden wird:

1) **Deutsche Sprache.** Ein kurzgefaßtes Lehrbuch der Stylistik mit Repetition der Satz- und Interpunktionslehre nebst Orthographie. Anleitung zur Anfertigung von Aufsätzen nach Stoff und Form mit Musterbeispielen. — Aufzeichnung der Hauptmomente der deutschen Literaturgeschichte.
2) **Lateinische Sprache.** Eine gute Uebersetzung Cäsars mit geographischen und historischen Notizen.
3) **Französische Sprache.** Kurzgefaßte Grammatik mit einem Verzeichniß der hauptsächlichsten, jeder Sprache eigenthümlichen Ausdrucksweisen.
4) **Englische Sprache.** (Gleich der französischen.)
5) **Mathematik.** a) Arithmetik: Ein kurzes Lehrbuch mit Beispielen, hauptsächlich Proportionen. b) Geometrie: Die Linien, Winkel, Dreiecke, Vierecke, Congruenz, Aehnlichkeit, Flächeninhalt, Kreis. — Kurze Angabe der Theorie und Anwendung in Beispielen. — Mit vielen Abbildungen. c) Algebra: Die vier Grundoperationen mit Buchstaben, Potenz, Wurzel, Gleichungen und Gleichungsaufgaben.
6) **Geographie.** Ein kurzer Katechismus der physikalischen und mathematischen Geographie im Allgemeinen, der topischen Geographie im Besonderen.
7) **Geschichte.** Ein kurzer Katechismus der allgemeinen Geschichte, dann der deutschen und bayerischen insbesondere.
8) **Naturgeschichte.** Uebersicht der Naturreiche mit Rücksicht auf Vorkommen, Lebensweise und Verwendung. (Bereits als 1. Bändchen der Sammlung erschienen; s. unten.)

Diese ganze Bibliothek wird in 11—12 Bändchen, ungefähr 50 enggedruckte Bogen in Taschenformat umfassend, erscheinen: der Bogen wird den Subscribenten auf die ganze Sammlung durchschnittlich mit 6 kr. berechnet, so daß das Ganze den außerordentlich billigen Preis von 5 fl. nicht überschreitet. (Jedes Bändchen wird auch einzeln, jedoch um etwas erhöhten Ladenpreis abgegeben.)

Hievon ist bereits erschienen:

I. Bändchen: Die Naturgeschichte der drei Reiche, herausgegeben von Dr. Koller. (6½ enggedruckte Bogen.) Preis für die Subscribenten der Prüfungsbibliothek 36 kr. = 12 Sgr. (Preis der Separatausgabe 42 kr. = 14 Sgr.)

II. Bändchen, 1. Abtheilung: Arithmetik in Fragen und Antworten, fertigen Beispielen und Uebungsbeispielen dargestellt von H. Bienenfeld, k. b. Hauptmann. Preis 36 kr. oder 12 Sgr. — 2. Abtheilung: Algebra, ebenso dargestellt und von demselben Verfasser. Preis 48 kr. = 16 Sgr. — 3. Abtheilung: Geometrie desgl. von demselben Verfasser. Mit 106 in den Text gedruckten Abbildungen. Preis 30 kr. oder 10 Sgr.

Das zunächst (Ende März 1873) erscheinende Bändchen umfaßt die **Geschichte**, bearbeitet von Prof. Zizlsperger.

Zu beziehen durch alle Buchhandlungen.